Belgique, reviens à la vie !

Guérir le cœur de l'Europe

DEBORAH DEKKER

Avant-propos — Anne Hamilton
Introduction — Anne Griffith
Appendice — Jean-Antoine
Post-face — Ignace Demaerel

Belgique, reviens à la vie ! Guérir le cœur de l'Europe

© Texte: Deborah Dekker 2023
Traduction française : Patricia Suardi
Relecture : Deborah Dekker

Publié par Armour Books
P. O. Box 492, Corinda QLD 4075 AUSTRALIA

Image de couverture : Agrandissement du détail d'une peinture proposant une variation sur le drapeau de la Belgique, basée sur une parole prophétique reprise au chapitre 10 du présent livre. La peinture a été exécutée par l'artiste Paul Verheul (https://paulverheul.com), sur demande de l'auteur.

Photographie en page 11: Jon Tyson/Unsplash

Mise en page par Beckon Creative

La plupart des textes bibliques cités dans ce livre sont tirés de La Bible Segond révisée dite « la Colombe » (1978), et indiqués par l'abréviation COL.

ISBN: 9781925380552

 A catalogue record for this book is available from the National Library of Australia

Tous droits réservés. Aucune partie de cette publication ne peut être reproduite, enregistrée ou introduite dans un système de recherche ou transmise, sous quelque forme que ce soit, par quelque moyen que ce soit (électronique, mécanique, photocopie, enregistrement ou autre) sans l'autorisation préalable de l'éditeur.

A ta naissance, au jour où tu naquis, ton cordon n'a pas été coupé, tu n'as pas été lavée dans l'eau pour être purifiée, tu n'as pas été frottée avec du sel, tu n'as pas été enveloppée dans des langes. Nul n'a porté sur toi un regard de pitié pour te faire une seule de ces choses, par compassion pour toi; mais tu as été jetée dans les champs, le jour de ta naissance, parce qu'on avait horreur de toi. Je passai près de toi, je t'aperçus baignée dans ton sang, et je te dis : Vis dans ton sang ! je te dis : Vis dans ton sang !

Ezéchiel 16:4-6 COL

La main de l'Éternel fut sur moi, et l'Éternel me fit sortir en esprit et me déposa dans le milieu de la vallée ; celle-ci était remplie d'ossements. Il me fit passer auprès d'eux, tout autour ; or, ils étaient très nombreux, à la surface de la vallée, et très secs. Il me dit : Fils d'homme, ces os pourront-ils revivre ? Je répondis : Seigneur Éternel, c'est toi qui le sais ! Il me dit : Prophétise sur ces os ! Tu leur diras : Ossements desséchés, écoutez la parole de l'Éternel ! Ainsi parle le Seigneur, l'Éternel, à ces os : Voici que je vais faire venir en vous un esprit, et vous vivrez ; je placerai sur vous des nerfs, je ferai pousser de la chair sur vous, je vous recouvrirai de peau, je mettrai en vous un esprit, vous vivrez et vous reconnaîtrez que je suis l'Éternel.

Ezéchiel 37:1-6 COL

Recommandations

Deborah est depuis de nombreuses années, une intercesseuse fidèle en et pour la Belgique et elle a un cœur bouillant pour cette nation. Aimer notre nation signifie aussi ressentir sa douleur. Au cours des années, Deborah a rassemblé de nombreuses perceptions prophétiques précieuses. Chaque fois que nous avons travaillé ou prié ensemble, ce fut une joie de le faire, nous tenant sur la brèche entre le nord et le sud du pays. Puisse ce livre susciter également en vous le cri passionné de Dieu pour votre nation, cri qu'Il est le seul à pouvoir déverser dans votre cœur.

Ignace Demaerel
Pasteur et auteur
Dirigeant de *Pray for Belgium*
www.pray4belgium.be

Livre magnifique – je l'ai beaucoup aimé !

Devant vos yeux, l'histoire de notre nation est exposée.

Deborah écrit avec l'espoir en tête que tous voient et sachent que la prière est primordiale pour qu'une nation se lève. Elle expose tout tellement bien et avec tant de clarté, aussi bien dans le domaine naturel que spirituel. Après avoir lu ce livre, vous ne pouvez rien faire d'autre que d'intercéder, non seulement pour la Belgique, mais aussi pour les 27 nations européennes qui se rassemblent sur le territoire belge.

Soyez inspirés par ce livre et dites à la Belgique : Reviens à la vie !

Luc et Agnès Depreter
Pasteurs de *Heartbeat Church*
Organisateurs des conférences *One in Christ* Belgique

Nous sommes enthousiasmés par ce dernier livre de Deborah, « Belgique, reviens à la vie ! »

Je crois que c'est un livre écrit en temps opportun pour libérer une parole sur cette nation, synchronisée avec ce que l'Esprit de Dieu est en train d'y faire et d'y libérer. C'est plus qu'un livre donnant des informations. C'est plutôt un décret prophétique qui équipera les lecteurs pour qu'ils comprennent ce qui se passe spirituellement et qu'à partir de cela, ils prient et intercèdent. Cela nous donne des armes stratégiques de combat spirituel, pour intercepter les plans spécifiques de l'ennemi, en les exposant et en libérant la vérité de Dieu et ses buts et promesses sur ce pays ! C'est véritablement un livre écrit « pour un temps comme celui-ci ».

Nous ne recommandons pas seulement le livre, mais aussi son auteure. Deborah est une auteure talentueuse qui porte humblement le don de prophétie et de discernement. Elle a un cœur énorme pour la Belgique et pour voir le Royaume de Dieu être libéré sur ce pays ! Nous sommes reconnaissants de son obéissance à libérer ce que le Seigneur lui a donné et nous encourageons fortement les leaders, pasteurs, intercesseurs œuvrant en Belgique et en Europe à lire ce livre !

Natalia et Ricky Venter
Pasteurs principaux
Vineyard Brussels

Deborah est une très chère amie, depuis de nombreuses années. Ensemble, nous avons prié de nombreuse fois pour notre pays, la Belgique. Elle a toujours été un modèle de ferveur et d'amour pour ce pays qui, au cours de son histoire, a été tellement abusé.

Dans son livre, Deborah ouvre, avec le Saint Esprit, les rouleaux du pays de la Belgique. Elle émet un cri prophétique qui appelle à la repentance, à la guérison et à la restauration.

Merci, Deborah, pour avoir osé embrasser ta mission d'écrire ce livre, qui avait désespérément besoin d'être délivré au monde. Merci pour ta sensibilité à la voix du Seigneur, ainsi que pour ton obéissance et ta ténacité.

Puisse ce livre ouvrir les yeux de beaucoup sur la réalité du champ de bataille sur lequel nous nous trouvons et leur donner les bonnes pistes pour intercéder en faveur de notre pays de Belgique.

Jean-Antoine
Auteur Francophone
Belgique

Je connais maintenant Deborah depuis de nombreuses années. Aussi longtemps que je m'en souvienne, elle a toujours été passionnée par notre pays, notre Belgique, qui est bien plus que « la pauvre petite Belgique », comme certains la voient.

Plus que d'aimer la Belgique, Deborah la porte dans sa matrice.

Lire son livre est captivant : elle a écouté l'Esprit et laissé sa plume prophétique nous dire ce que le Seigneur déclare aujourd'hui sur la Belgique.

Et bien que ce ne soit pas, comme elle le dit, un livre d'histoire, la connaissance de Deborah sur l'histoire de la Belgique, associée à sa sensibilité à l'Esprit, ouvre nos yeux et nos cœurs à une autre facette de cette histoire.

Si vous le lisez, en permettant à l'Esprit de parler au travers des mots écrits, vous pouvez ressentir le désir du Seigneur que la Belgique soit restaurée et Son appel pour ce pays à accomplir son mandat, selon ce qui est écrit dans son livre dans les cieux.

Vous pouvez ressentir quelque chose de nouveau s'agiter dans votre esprit : une nouvelle dimension d'intercession, alignée à la voix de l'Esprit.

Merci Deborah, d'avoir osé écrire ce livre, en obéissance au Seigneur.

Il est précieux pour tous ceux qui ont les nations dans leurs cœurs.

Sabrina Mahieu
Ecole Prophétique Réhoboth
Belgique (Wallonie)

Le livre de Deborah est un coffre au trésor rempli d'informations cachées sur l'arrière-plan de la magnifique Belgique.

Un outil inestimable pour tous ceux qui ont un cœur pour la guérison de ce pays et de son peuple.

Moyra Sims
Ellel Ministries
Belgique

Il semble que ce livre soit paru pour un temps comme celui-ci, tellement nous voyons de choses se passer dans la nation de Belgique. Je me suis rendue deux fois dans ce pays et j'aurais tellement aimé avoir lu ce livre avant mes voyages. J'aurais été mieux équipée pour exercer le ministère en sachant l'histoire de cette incroyable et importante nation. J'espère que, tout comme il l'a fait pour moi, ce livre vous donnera un nouvel amour pour la BELGIQUE et un désir renouvelé de prier pour elle.

Barbara Smith
Ministère Prophétique
Écosse

TABLE DES MATIERES

Avant-propos — Anne Hamilton   15
Préface — Deborah Dekker   21

Introduction:
    Pour l'amour de la Belgique — Anne Griffith   29

Le Cri   43
1. Une plaine et une naissance comme zone tampon   45
2. Un congrès et un traité   51
3. Une question : *Ces os peuvent-ils revivre ?*   55

Le Défi   61
4. Un diplomate autrichien   63
5. Un roi et maître allemand   67
6. Reproduire l'abus : le Congo   73
7. Un endroit de rassemblement pour les rois   81
8. Défier un empire et embrasser la Réforme   87
9. Résister jusqu'à la mort : 1ère Guerre mondiale — Ypres   93
10. *Brave petite Belgique* et le Livre du Roi Albert   99
11. Résister jusqu'à la mort :
    2ème Guerre mondiale — Bastogne   107
12. Devenir le cœur de l'Europe   113
13. Arythmie et crise cardiaque   121

La Réponse 125
14. Rouvrir les livres, se rappeler 127
15. Exposer l'ennemi : Léviathan 131
16. Trouver sa véritable identité 141
17. Prophétiser sur les ossements desséchés :
    Belgique, reviens à la vie ! 149
18. Transformer les blessures en baume 153
19. Libérer les décrets gouvernementaux 161

Appendices
1. Conséquences d'un traumatisme de naissance —
   Jean-Antoine 167
2. Poème — John Roedel
   (comme une berceuse pour la Belgique) 177

Post-face — Ignace Demaerel 183

Remerciements 185

Avant-propos

Anne Hamilton

« Pour un temps comme celui-ci… »

Le monde dans lequel nous vivons est cadencé par le battement incessant du temps chronos. Les horloges, sur nos murs, décomptent impitoyablement les heures. Les calendriers imposent un horaire rigoureux à nos journées et nos années, avec à l'occasion une seule « fête mobile » permettant de varier ce régime strict. Nos vies sont barricadées de dates servant de bornes repères – de commémorations et de célébrations.

Cependant, les Écritures font état de manières différentes de comprendre le temps.

Il y a un siècle, dans la République de Weimar des années 1920, le Cercle Kairos s'est inspiré de la notion de temps *Kairos* – temps de l'accomplissement - proposée par Paul Tillich, d'après la Bible. Selon Daniel Weidner, la pensée de Tillich l'associe à une irruption divine où « chaque moment pourrait être le petit portail par lequel le Messie entrera ».

Le Kaïros était compris comme une incursion radicale de Dieu dans l'histoire, pour bousculer et renverser les façades hypocrites de l'Eglise et de l'Etat. Cependant, lorsque Jésus est venu dans notre monde, Il n'a jamais déchiré la tapisserie de l'histoire. Il l'a toujours réparée. Parfois tranquillement et discrètement, parfois avec tambours et trompettes.

Toujours parfaitement.

Il se rendit par exemple dans une ville où, un millier d'années auparavant, la royauté avait été perdue par la lignée royale, déchirée par une rébellion belliqueuse contre l'esclavage. Cette même ville était l'endroit où cinq chefs et patriarches avaient réaffirmé leur alliance avec le Dieu d'Israël. Et l'un d'eux l'avait brisée.

Cette ville se trouvait dans le même territoire où, des centaines d'années auparavant, des femmes s'étaient rendues, après avoir été humiliées, déclarées divorcées et expulsées de Jérusalem sous les ordres d'un prêtre ou d'un échanson.

C'était une ville dont les premiers habitants, bien qu'ils aient fait alliance avec les tribus d'Israël, furent massacrés par vengeance, suite à un viol.

Qui pouvait représenter une terre aussi complexe et aussi blessée ? Une personne peut-être avec six relations d'alliance, cinq bonnes et une mauvaise ? Cette même personne aurait-elle aussi le pouvoir de restaurer la royauté dans la lignée de David? De pouvoir en outre comprendre la douleur de la honte, du divorce et du bannissement? Et cette personne, en dépit de tout, pourrait-elle enfin envisager un rendez-vous comme porteuse d'eau (échanson) et ambassadeur du Roi des rois?

Pourtant, Jean dit de Jésus *« qu'il fallait qu'il traverse la Samarie. »* (Jean 4:4 COL) Intéressant, n'est-ce pas, cette phrase *« il fallait qu'il aille »* ? Parce qu'il y avait des façons d'éviter la Samarie. Mais un moment Kairos, un temps désigné pour un accomplissement, requérait Son attention.

Une femme mariée à cinq reprises était sur le point de se rendre à un ancien puit à Sychar, près de la ville de Sichem et pour elle « le petit portail par lequel le Messie entrera » était sur le point de s'ouvrir. Tout allait dépendre de la manière dont elle répondrait à Son invitation initiale d'être Sa porteuse de coupe. *« Donne-moi à boire. »* (Jn 4 :7 COL)

Cela paraît trop ordinaire, n'est-ce pas ? Que cette simple question puisse être le premier point de suture dans la réparation de l'histoire d'une ville déchirée et traumatisée.

Cette combinaison, entre la guérison d'une terre et d'un peuple, n'était pas un évènement unique dans la vie de Jésus. Guérir l'histoire était l'une des composantes majeures de Son ministère. Il l'a fait quand Il s'est rendu à Jéricho, à Emmaüs, quand Il a envoyé les septante disciples dans les villages de Galilée et de Samarie, quand Il a marché de Béthanie, au-delà du Jourdain, à Béthanie, près de Jérusalem.

Il a guéri l'histoire avant de mourir et Il a accéléré Ses efforts après Sa résurrection.

Et chaque fois qu'Il s'est mis à « réparer le monde », Il l'a fait différemment. Il n'avait pas de formule. Ses actions étaient adaptées à l'histoire individuelle de chaque endroit, en particulier. Il est très facile de passer à côté de ce qu'Il a fait, quand nous rejetons les indices géographiques qui nous ont été donnés par les auteurs de l'Évangile et que nous ne prenons pas la peine de consulter l'histoire de l'endroit qu'ils ont mentionné.

La terre attend la rédemption. Comme le reste de la création, elle aspire à être libérée de la futilité et des traumatismes et se tient *« sur la pointe des pieds pour apercevoir la vision merveilleuse des fils de Dieu, qui viennent à eux-mêmes »*. (Romains 8:19, trad. version JB Phillips)

Tout comme il fallait que Jésus traverse la Samarie, il faut qu'Il traverse la Belgique. Ses plans pour sa guérison sont sans comparaison, inimitables et uniques. Je n'ai aucun doute qu'Il ait un plan. Il advient au moment désigné, en Son instant *Kairos*. Nous devons nous y préparer, car Il peut venir au moment où l'on s'y attend le moins.

Depuis plusieurs années maintenant, j'écris à propos de *Jésus et la Guérison de l'Histoire*. J'ai vu comment Jésus l'a fait – parfois secrètement et parfois de manière spectaculaire – et j'aspire à être présente à un tel moment, mais j'ose à peine l'espérer. Parce qu'une chose que j'ai apprise c'est que les représentants parfaitement adaptés sont aussi nécessaires que le moment tout à fait exact. Cependant, il y a peu, j'étais enthousiaste d'avoir été le témoin d'une de ces heures kairos. Mon cœur a bondi d'une telle joie que cela m'a fait penser aux paroles de Mme Castor dans *les Chroniques de Narnia*, lorsqu'elle rencontre les enfants pour la première fois : « Ainsi, vous êtes enfin venus ! ... Enfin ! Penser qu'un jour je vivrais pour voir ce jour ! » Pour la Belgique, comme pour d'autres nations, le temps est proche où nous nous lèverons en disant : « Ainsi, Tu es enfin venu ! ... Enfin ! Penser qu'un jour je vivrais pour voir ce jour ! »

Tenez-vous prêts, pleins d'attente ! Il vient !

Belgique, reviens à la vie !

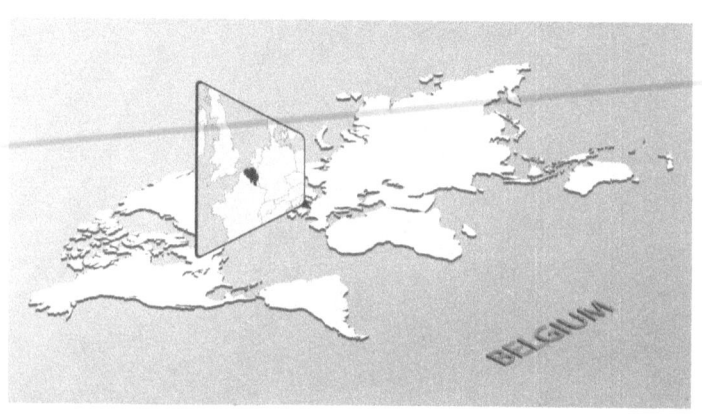

Préface
Deborah Dekker

L'appel à écrire à propos de ma patrie, la Belgique, n'est pas récent. D'une certaine manière, tout a commencé il y a longtemps par la rencontre, à Bruxelles, de mon père et de ma mère et par la combinaison de deux cultures, langues et lignées familiales (mon père néerlandophone, issu d'une famille provenant de Hollande, et ma mère francophone venant de Wallonie – chacun ayant un amour et un respect profond pour la langue de l'autre).

Ensuite, en 2018, tandis que je rédigeais mon livre « Pères » [1], voici ce que j'ai écrit en introduction :

> *J'écris depuis un pays particulier. Un pays en quelque sorte orphelin, mis au monde pour servir de zone tampon à l'Europe au lendemain de la défaite napoléonienne à Waterloo.*
>
> *Anglais et Autrichiens ont présidé à sa naissance, Hollandais et Allemands se sont penchés de près sur son berceau. La France a cédé un bout de son territoire pour qu'il puisse voir le jour : les Pays-Bas ont fait de même. La langue maternelle des habitants*

---
[1] Deborah Dekker, *Pères : Le cœur du Père – Le cri des fils*, Deborah Dekker, 2018

y fait toujours question, ainsi que l'identité nationale, encore problématique. La Belgique est aussi (puisque c'est d'elle qu'il s'agit), le pays de Julie et Mélissa, de la « marche blanche » [2] *... un pays où certaines blessures ont du mal à se refermer, où le baume semble manquer pour hâter la guérison. Où les voix qui pourraient crier pour faire entendre la plainte, demander justice, semblent manquer – ou manquer de volume suffisant.*

Où la question de la légitimité fait peut-être défaut au moment de se présenter devant le tribunal, humain ou céleste, pour plaider sa cause.

Où l'Église, censée défendre l'orphelin et la veuve (de même qu'un parent endeuillé), semble elle-même encore souvent muette ou paralysée...

D'une certaine manière, la Belgique était présente dans mon cœur et dans mes écrits, depuis le début.

Pourtant, l'idée de consacrer un livre entier à ce pays très particulier a émergé au moment même où le deuxième livre *« Mères »* [3] est apparu devant mes yeux. A partir de ce moment, j'ai su qu'il y aurait une trilogie, *Pères*, *Mères* et, en quelque sorte, à cause de la naissance particulière de cette vision, ce que j'ai appelé, à ce moment-là, *« Bébé Belgique »* ou, plutôt, la naissance (ou renaissance) de la Belgique.

---

2   En référence à l'affaire Dutroux, condamné pour kidnapping, viol et meurtres sur des fillettes en Belgique. Bon nombre de lacunes et de dysfonctionnements dans l'enquête sur l'affaire Dutroux ont entrainé un vaste mécontentement, en Belgique, à l'égard du système judiciaire. Lors de la Marche blanche, en octobre 1996, quelques 300.000 personnes ont manifesté pour protester contre la mauvaise gestion de cette affaire.

3   Deborah Dekker, *Mothers: Battle for Birth*, publié par Armour Books en septembre 2020, dans une version combinée avec le premier livre sur les Pères.

Puis la Journée Nationale de prière pour la Belgique a eu lieu (2020, par zoom à cause du COVID-19), avec comme thème : *« Nés pour un temps comme celui-ci » (d'après Esther 4:14)* et l'on m'a demandé [4] si j'étais d'accord de diriger un temps d'intercession pour la Belgique, sur le sujet de mon choix.

Tandis que je priais pour savoir quel serait le sujet de ce temps, j'ai eu le sentiment que je devais prier par rapport à « la blessure de naissance » ou au « traumatisme de naissance » de la Belgique. J'ai soumis cette impression à l'équipe à la tête de l'organisation de cet événement, qui l'a approuvée après avoir prié. J'ai donc entamé les préparatifs. J'ai invité quelques frères et sœurs francophones à me rejoindre pour cette session. L'un d'eux était mon ami Jean-Antoine, psychologue et écrivain chrétien. Je lui ai demandé d'exposer ce qu'est un traumatisme de naissance et quelles sont les conséquences qu'il entraine sur la vie d'une personne – ou d'un pays.

Beaucoup de gens ont été touchés. Le retour qu'ils nous ont donné était que l'histoire de la Belgique et les éléments présentés ce jour-là ne leur étaient pas familiers. Ils ont dit que cette clairvoyance et cette connaissance révélée, devaient être mises sur papier.

Il m'a fallu un certain temps pour bien cerner le contenu du livre, en particulier dans le contexte de la COVID-19 qui, à bien des égards, a réorganisé le rassemblement des groupes de prière dans le pays, ainsi que la vision que certaines voix prophétiques ont commencé à avoir sur la Belgique.

---

4   Demande faite par Ignace Demaerel, cher frère flamand, coordinateur du mouvement *« Prier pour la Belgique »*. Il organise des journées nationales de prière depuis plus de 10 ans. Voir www.pray4belgium.be, pour plus de détails.

Une autre question, pas si facile à gérer, était celle de la langue à utiliser pour ce livre sur la Belgique. Ayant le français comme langue maternelle, mais aussi habitée d'un respect profond pour chaque groupe linguistique de notre pays, le français ou le néerlandais semblait être un choix naturel.

Mais l'idée était de mettre aussi l'histoire spirituelle de la Belgique à la disposition des intercesseurs internationaux qui avaient mis en avant un manque d'informations à ce sujet et exprimé leur désir de prier et d'intercéder pour ce qui pourrait encore rester de blessures non cicatrisées dans le pays.

L'Empire britannique, tout comme d'autres nations, fut très impliqué dans le processus de naissance de la Belgique, lors de la bataille de Waterloo. Un livre écrit en français ou en néerlandais n'aurait pas été si facile à lire par les intercesseurs de ces autres pays. Ainsi, après beaucoup de prières et de réflexion, le langage choisi pour ce livre fut l'anglais.

La structure de ce livre suit le même schéma que les deux premiers volumes sur les *Pères* et les *Mères*. La vision d'une « trilogie » de livres, intimement liés les uns aux autres, se reflète dans la structure tripartite : LE CRI – LE DEFI – LA REPONSE, chaque section étant divisée en chapitres.

Ce n'est pas un livre historique. Comme de nombreux livres excellents, sur les différents chapitres de l'histoire de la Belgique, ont déjà été écrits (certains sont mentionnés dans les notes de bas de page), mon intention n'est pas d'en ajouter un de plus ou d'entrer en compétition avec eux. Ce livre traite plutôt de l'héritage spirituel et de la destinée de la Belgique – un livre pouvant servir de guide d'intercession prophétique, pour guérir davantage le cœur de l'Europe [5].

Cependant, ce n'est pas juste un manuel de prière : des émotions sont partagées et des poèmes écrits par des artistes sont reproduits, pour que vous puissiez « ressentir » l'atmosphère spirituelle et le défi rencontré par ce pays et que votre cœur de compassion s'éveille par rapport à la Belgique [6].

Pour ce faire, certains éléments d'information, certains faits historiques, doivent être brièvement partagés. Ceux-ci sont relatés principalement dans la deuxième partie du livre, *Le défi*, sous une forme résumée, car mon intention est surtout de souligner les aspects spirituels et les conséquences de ceux-ci. Des références sont faites à des documents largement disponibles, mais souvent insuffisamment connus; les sources sont citées. La dernière partie, *La réponse*, nous amène du passé au futur et à la destinée, avec une forte incitation, pour un temps comme celui-ci : *Belgique, reviens à la vie !*

L'introduction d'Anne Griffith, prophète parmi les nations, aimant la Belgique et la visitant depuis de nombreuses années, ainsi que le chapitre sur le traumatisme de naissance écrit par Jean-Antoine, psychologue et écrivain prophète de Wallonie, ne sont pas des « addenda », mais des parties essentielles de ce livre. Elles élargissent la perspective spirituelle qu'on peut avoir sur un pays aussi divers, multilingue et multi-facettes que la Belgique.

Que vos émotions soient touchées, parce que lorsque vous êtes « touchés par la compassion », une véritable

---

5   Pour le dire en d'autres mots : Souvent, celui qui prie ne connaît pas les faits historiques et celui qui connaît les faits historiques ne prie pas. Ce livre essaie de combler cette lacune.

6   Pour un excellent manuel avec des points de prières, vous pouvez lire le livret écrit par Ignace Demaerel *« Le climat spirituel de la Belgique: pourquoi et comment prier? »* comprenant 30 sujets de prières, https://www.pray4belgium.be/fr/accueil/recources.

prière d'intercession peut se lever – et parfois même une résurrection ! [7]

Que le souffle de l'Esprit souffle sur vous et les pages qui suivent, que l'amour du Père enflamme vos cœurs tandis que vous lisez ces lignes à propos de la « brave petite Belgique »..., ou, comme d'autres précieux frères et sœurs se plaisent à le dire, « la magnifique Belgique » !

---

[7] Voir le chapitre de Jean 11 sur la résurrection de Lazare et les émotions intenses qui y sont décrites : *Jésus pleura. Les Juifs dirent donc : « Voyez comme il l'aimait ! »...Jésus, frémissant de nouveau en lui-même, se rendit au tombeau... « Ôtez la pierre ». Jésus dit... Après avoir dit cela, il cria d'une voix forte : Lazare, sors ! Et le mort sortit...*

Belgique, reviens à la vie !

Introduction
Anne Griffith

Pour l'amour de la Belgique

N'avez-vous jamais aimé une nation si profondément que vous voudriez la tenir dans vos bras et l'aimer jusqu'à ce qu'elle revienne à la vie ? Certaines nations touchent nos cœurs de cette manière-là. Vous ne pouvez pas aimer de cette façon, à moins que cela ne vous soit donné par le Seigneur. S'il peut faire cela avec notre cœur, pouvez-vous imaginer ce que le divin cœur de Dieu ressent devant tous les brisements qu'Il voit ?

Certaines nations sont si faciles à aimer. D'autres peuvent frustrer toute tentative de « les rendre meilleures ». Nous aimons malheureusement améliorer les choses, quel que soit notre « meilleur ». Chrétiens, non-croyants, nous avons tous nos idées d'amélioration. Les nations peuvent vous rendre tristes, fous, ou carrément cyniques – le tout en même temps. Tout cela fait partie du processus et la souffrance ne peut pas être évitée, si vous désirez véritablement partager le cœur de Dieu pour n'importe laquelle des nations vivant à l'heure actuelle, sur la planète terre.

De la gloire à la poussière – La manière dont Dieu agit avec les nations

Il (Dieu) donne de l'accroissement aux nations et il les fait périr ; Il étend au loin les nations et il les ramène. Il enlève l'intelligence aux chefs des peuples, Il les fait errer dans les déserts sans chemin et tâtonner dans les ténèbres, sans lumière : Il les fait errer comme des gens ivres.

Job 12:23-25 COL

Vous êtes-vous jamais demandé ce que Dieu allait faire de toutes les nations, de toutes les tribus et des différents mélanges que nous sommes devenus ? Comment va-t-Il faire son choix entre les brebis et les boucs ?

Qu'est-ce qui définit une nation brebis par opposition à une nation bouc ? Comment est-ce que Dieu les définit ? Que va-t-il arriver à celles dont les frontières politiques, telles qu'on les voit sur les cartes, ont changé au cours des années ? Ont-elles une importance quelconque ? Un seul regard sur une carte datant de quelques années seulement, montre combien les frontières ont changé au-delà de tout entendement. Laquelle de ces frontières Dieu va-t-Il choisir ? En fait, est-ce que Dieu choisit des frontières ? Après tout, Il n'est pas comme nous. Qu'en est-il des sentiments de ces nations actuelles, dans lesquelles différents empires, avec leurs guerres et leurs ambitions, se sont battus pour des étendues de terre et ont établi des frontières, indépendamment des sentiments ou de l'ethnicité des gens qui y vivent? Qu'en est-il quand la frontière a été placée là par des gens importants de ces empires qui ne se souciaient pas forcément des cultures, de la religion ou de la langue de ceux qui ont dû vivre avec les conséquences?

Qu'en est-il des nations comme la Belgique qui a fini avec deux langues fortes parlées par son peuple, cherchant toutes les deux à être entendues ? Deux cultures qui ont, toutes les deux, besoin d'être honorées ? Je ne vais même pas aborder à ce stade les petites minorités de ce pays ou le fait que la Belgique accueille sur son territoire une entité gouvernementale massive, appelée l'Union Européenne. Est-ce que des nations comme celles-là sont légitimes ? Comment Dieu agit-Il avec elles ? Je ne suis pas sûre qu'à l'heure actuelle, nous ayons toutes les réponses à ces questions.

En attendant, j'honore profondément les frontières, les dirigeants et les drapeaux des autres, jusqu'à ce que Dieu dise le contraire. Peu importe à quel point ce drapeau est laid ou malavisé. Je ne pense pas en avoir vu un totalement pur jusqu'ici. Peu importe à quel point une frontière politique est cruelle ou irréfléchie, nous l'honorons jusqu'à ce que Dieu dise le contraire. Peu importe que vous considériez vos dirigeants comme grands ou petits. J'honore aussi profondément ceux qui ont essayé de rassembler les deux parties de la Belgique. Ce n'est pas une tâche facile. Elle dépasse de loin toute entreprise que l'homme pourrait tenter. Les enjeux sont également bien plus élevés que tout ce que nous pourrions penser à propos d'une petite nation.

Eh bien, Job a essayé d'expliquer les voies mystérieuses de Dieu à ses consolateurs potentiels. Ils n'ont peut-être pas tout bien saisi, mais ce n'était finalement pas si mal – juste un peu malheureux à cause des conseils inopportuns - mais je suppose que Dieu a toujours voulu les surprendre avec Sa réponse à la fin. Il aime faire cela ! Dans ces versets, le mot pour nations est « goy », qui signifie habituellement les nations de Gentils, ou parfois les nations qui descendent d'Abraham, mais qui restent cependant des nations païennes ou un peuple étranger à la religion juive. Dieu dans Sa sagesse peut alors soit faire augmenter ou diminuer ces nations.

Regardons la concordance Strong pour mieux saisir le message de ce texte. Dieu « donne de l'accroissement aux nations » *(saga')*, ce qui signifie qu'Il les fait grandir, qu'Il les magnifie, qu'Il permet qu'elles s'accroissent. Mais tout aussi soudainement, Il les fait périr *('abad)*, c'est-à-dire qu'Il les détruit, Il les brise, Il permet qu'elles s'évanouissent, qu'elles périssent, qu'elles disparaissent. Waouh ! Dieu étend au loin *(shatach)* les nations, ce qui signifie qu'Il les fait se répandre, qu'Il les étend, qu'Il les étire. Puis Il les ramène dans leurs limites *(nachah)*, Il les conduit, Il les guide, Il les dirige, Il redresse – dans le sens ici de défaire l'accroissement dont elles ont joui. Il le fait malgré tous nos efforts. Il n'est pas un Dieu cruel qui fait les choses sur un coup de tête comme les dieux de la Grèce ou de Rome qui doivent être apaisés pour les empêcher de se laisser aller à leurs tendances destructrices aléatoires. Non, c'est un Dieu qui agit dans le cœur des dirigeants, hommes et femmes, et dont l'implication, qu'Il a avec eux, peut amener de la faveur ou des temps de jugement.

A moins qu'elles ne soient dans une situation désespérée, toutes les nations ont des dirigeants, qu'ils soient des rois, des présidents, des premiers ministres ou qu'ils aient d'autres rôles. Espérons que les parties les pires de ces versets ne s'appliquent pas aussi à nos leaders spirituels ! Ce n'est pas bon lorsque Dieu produit cette errance sans but.

L'hébreu, à nouveau, est intéressant. Dieu « enlève littéralement le cœur », *leb*, qui se traduit par le cœur, la volonté, la compréhension des chefs de la terre. Ce n'est bon pour aucune nation. Là, les peuples de la terre sont *ammi* ou compatriotes, peuple, personnes, membres d'une même famille. Ils vagabondent dans un « néant sans chemin », ils titubent, ils s'égarent, ils errent dans un désert, *tohu*, un espace vide, le néant, un endroit informe, confus. Comparez cela avec la Genèse où la terre était également « informe et vide » jusqu'à ce que Dieu vienne avec Sa lumière, bien avant la lune, le soleil et les étoiles, qui n'arrivent qu'au quatrième jour de la création. Ce désert signifie errer sans la lumière de Dieu. Notre compréhension est assombrie par le Tout-Puissant.

Cela semble tout aussi pertinent pour nos nations, à l'heure actuelle, où à peu près tout ce qui peut être secoué, est secoué. Arrêtez-vous, s'il vous plaît, sur ce que Dieu fait dans les ténèbres, parce que Son cœur est toujours d'amener le salut et la guérison, suscitant sans cesse ce qui contribue à Son divin mandat de guérir, délivrer et restaurer. C'est Sa nature même et Son saint caractère. Un second souffle de vie doit venir et aucun être humain ne peut faire cela, à moins que Dieu ne soit avec lui.

Ode à la joie?

Au centre de tout.

Connaissez-vous cet hymne ? Ses paroles ? Elles valent la peine qu'on leur prête attention. C'est bien sûr, l'hymne de l'UE à Bruxelles, au cœur de la Belgique aujourd'hui, qui a été choisi pour être le siège gouvernemental de l'Union Européenne. Eh bien, les paroles de l'Ode ont été écrites en 1785 par

Friedrich Schiller et mises en musique par Beethoven, dans la Neuvième symphonie. En passant, c'est la partie la plus paisible de la symphonie, lorsque le bruit plus turbulent de la musique de conflit est dépassé par ce chant. Cette ode est destinée à être utilisée pour exprimer notre désir de fraternité et de paix, pour donner de l'espoir dans nos batailles pour la justice, sous l'oppression. L'Ode est un peu lourde à mon goût. Pas de soucis.

Savez-vous que, à l'origine de Bruxelles, lorsqu'il y avait des marécages, des « îles », qu'il n'y avait pas de terrains solides et de canaux, le bien-aimé Saint Géry, évêque de Cambrai, s'est installé sur une de ces îles et a commencé à influencer ceux qui l'entouraient ? C'est dommage que les iris jaunes, qui y poussaient alors, aient (presque) disparu, mais le souvenir demeure dans l'emblème de Bruxelles. Le caractère de l'évêque ? Eh bien, il était connu de tous pour sa joie. Une sorte de père fondateur, joyeux, saint, aimant, sage, à la fondation de ce qui deviendrait la ville de Bruxelles. Je doute qu'il reconnaîtrait son île aujourd'hui. Coïncidence ? Non. Je crois que Dieu a toujours voulu établir Son caractère et Sa sainte joie au cœur de la capitale belge et au cœur de l'Europe. Dieu est très sérieux au sujet de Sa joie. Il est clair que nous en tirons notre force même. Bien sûr, l'ennemi le sait aussi et va faire tout son possible pour amener une misère pure et du sang répandu ou un type humaniste de joie et de fraternité, qui, au mieux, est partiel et, au pire, donne de l'espace pour qu'un type occulte d'unité et de paix puisse s'infiltrer. Pourtant, mon esprit dérive vers le fondateur qui a eu de la joie et je prie pour que son héritage porte du fruit aujourd'hui.

Encore une fois, je pose la question: Avez-vous déjà aimé si profondément une nation que vous voudriez la tenir dans vos bras et l'aimer jusqu'à ce qu'elle revienne à la vie ? Certaines nations touchent nos cœurs de cette manière-là. Des endroits sont choisis à dessein, vous savez, même s'ils ont été couverts de béton pendant des siècles. Dieu n'oublie jamais Son plan original et Son but.

Une visite dans la zone périphérique de Bruxelles montre comment le passé indique le mandat donné par Dieu pour le futur – si nous plions le genou et l'acceptons. Là, dans cette charmante zone boisée, une chère amie et intercesseuse m'a montré où les familles royales venaient autrefois chasser et tenir conseil. Un endroit paisible. Il est intéressant de constater que les bâtiments de l'UE sont aussi près de là, et que c'est donc là que les rois politiques actuels font de leur mieux pour tenir conseil.

Ce n'est pas une coïncidence que cela se passe en ce lieu. Cet endroit a été désigné, il y a longtemps, pour ce but. Un mandat a été donné à cette terre d'apporter des conseils aux rois, depuis un endroit de repos, dans le domaine politique et spirituel. Pas étonnant, dès lors, que la Belgique soit une monarchie, dont le roi est appelé le *Roi des Belges*. Pas étonnant que l'ennemi convoite tellement ce pays.

Considérer brièvement Jan van Ruysbroeck (1293–1381) est intéressant [1]. Cet appel gouvernemental s'appuyant beaucoup plus sur le spirituel, doit encore s'accomplir. A Groenendael, près de Bruxelles, il a contemplé l'union divine avec Jésus et l'a enseignée. Son enseignement doit aussi être regreffé sur l'image spirituelle de ce qu'est la Belgique, pour amener une guérison à la nation.

---

1   Son nom original flamand était Jan van Ruusbroec.

De manière controversée, ces Flamands étaient des mystiques, mais leur rôle ne doit pas être sous-estimé. Ils étaient des rois et des prêtres d'une sorte différente. Hadewijch d'Anvers, Hildegarde de Bingen et d'autres visionnaires ont laissé un héritage spirituel aussi important que des rois et des souverains qui ont régné ici et ont mené leurs batailles ici.

Donc qu'est-ce que Dieu est en train de faire ? Il prépare un reste de personnes qui voudront payer le prix dans ces temps.

Je crois que nous sommes à la Fin des Temps et que cette onction royale et sacerdotale est nécessaire.

L'énorme mandat, que j'entends de la part du Seigneur, pour les Belges d'aujourd'hui, qui L'aiment, c'est qu'ils se lèveront dans un appel royal et sacerdotal, sans précédent, et que de cette manière la greffe pourra avoir lieu. Ils paieront un prix énorme pour cela. Ils combattront, en petit nombre peut-être : ce seront des guerriers blessés. Le prix ne doit pas être sous-estimé. Je pense que je n'ai jamais vu un prix aussi élevé, pour toute autre nation européenne. Cela nécessitera une guérison sans précédent, un désir saint qui ne peut venir que du Seigneur. Et c'est pour bien plus que la Belgique – c'est la guérison des plaques tectoniques de tellement de blessures profondément ancrées, causées par les guerres d'empire ainsi que par les conflits ethniques non encore résolus. Dans toute l'Europe. Est-ce que la Belgique survivra en demeurant intacte à la fin ? Je n'en sais rien, mais ce que je sais c'est que les sacrifices de ceux qui combattront dans le domaine spirituel guériront des siècles de blessures et de traumatismes. Personne n'est encore assez guéri pour cela maintenant. Dieu permet qu'on ait du temps pour ce genre de guérison.

Une pause Sélah – Quelques questions

Marie conservait toutes ces choses, et les repassait dans son cœur.

Luc 2:19 COL

Et les questions. Pourquoi y a-t-il eu tant de batailles sur la terre de Belgique ? Pourquoi tellement de sang versé ? Pourquoi le futur des empires européens a-t-il été décidé ici ? Pourquoi y a-t-il toujours une division à travers le pays ? Pourquoi, pourquoi, pourquoi ? Puis ensuite vient la pensée que tout comme des guerres de religion et d'empire ont été livrées ici, une grande guérison pourrait y avoir lieu. La guérison de ces lieux sanglants peut amener une guérison à venir plus grande à de nombreuses nations et à de nombreux endroits. Il faut encore que cela se produise.

Une greffe de peau divine

Votre peau est un organe, n'est-ce pas ? Elle respire, elle ressent, elle répond à un toucher d'amour ou de haine. Elle a autant d'importance que votre cœur ou vos poumons. Demandez à n'importe quelle victime de brûlures sérieuses. Un jour, j'ai vu pour la Belgique, dans l'Esprit, une énorme greffe de peau. Il se peut que vous ayez pu voir un tel type de greffe, même si j'espère que vous n'en ayez jamais eu besoin dans le naturel. Maintenant, j'ai cette pensée – qui ne vient pas de moi – que la Belgique a besoin de ce genre de greffe divine. Souvent, les nations qui ont été assemblées par d'autres ne se sentent pas bien dans leur peau. C'est une chose impossible à faire de manière naturelle. J'ai vu comment les efforts humains pour faire cette greffe de peau avaient échoué – tout comme dans le naturel, la peau du receveur peut rejeter la greffe d'une autre partie du corps, destinée à guérir la blessure et générer la formation d'une toute nouvelle peau. Spirituellement, il y a eu ce déplacement des plaques tectoniques et la greffe – même dans le Corps de Christ – n'a parfois pas fonctionné. Et les temps dans lesquels nous vivons sont très cruciaux.

Mais Dieu…

Dieu a d'autres plans qui dépassent de loin notre entendement. Il peut greffer ensemble deux peaux qui ne se ressemblent pas afin que cette véritable unité s'établisse. Mais cela nécessite de l'humilité de part et d'autre, et l'acceptation des blessures de l'autre. Parce que je crois avoir entendu que c'est l'intention de Dieu – malgré les aspirations ambitieuses de l'humanité et de nos empires, malgré les circonstances de l'histoire qui a laissé la nation belge, avec le problème d'au moins deux langues et un labyrinthe de différences culturelles – que la Belgique soit une. Le don et l'appel sont irrévocables. Je crois que cet appel est légitime spirituellement. Dieu permet autant de tumulte et de chagrin pour en faire sortir certains leaders et certains rois qui entreront dans leur propre destinée dans des temps sombres.

Alors une fois encore : pourquoi la Belgique ? Pourquoi ces batailles, ici ?

Une première clé se trouve dans l'importance stratégique du territoire belge de par sa géographie. L'accès à des routes, à des rivières, à des voies commerciales, à la mer, à des ressources. Cela entraine des empires à garder un contrôle sur des endroits qui normalement ne les intéresseraient pas. Cela peut les conduire à placer des frontières, à des endroits où le patchwork ethnique du pays ne reflète pas du tout les frontières imposées.

La seconde clé est spirituelle. Des pactes anciens. Une fois, j'ai eu la vision de certaines tribus anciennes. Des tribus gauloises. Pensez à la guerre des Gaules de César. Ces tribus étaient absolument déterminées à ne pas se soumettre à la loi romaine. Ambiorix et Vercingétorix ont férocement résisté à l'invasion de leur patrie [2]. Une fois, j'ai eu une réponse étonnante à ma question : pourquoi le pays invite la guerre et l'effusion de sang ? Avec mes yeux spirituels, j'ai vu apparaître la scène ancienne de guerriers gaulois s'entaillant avec des couteaux et de femmes leur criant de partir à la guerre. Ils s'étaient dédiés à la guerre. Et d'une manière ou d'une autre, cela peut toujours continuer à entrer en jeu, des siècles après. Le désir de liberté est incroyable, mais les pactes faits avec les dieux sanguinaires de la guerre sont toujours actifs, s'il n'y a pas eu de rétractation.

Traumatisme et le cri du pays

Bien sûr certaines de ces batailles se sont déroulées sur des sols qui étaient belges à l'époque et font maintenant partie des nations environnantes. Tellement d'empires, de duchés et de nations sont concernés, qu'il est facile d'en perdre le compte : Espagne, France, Angleterre et Ecosse, Autriche, Hollande....

La Sambre 57 av J.-C., Waterloo 1815, Ypres/Passchendaele 1917, la bataille des Ardennes 1945.

---

2   Ambiorix est un chef des Éburons du 1er siècle av. J.-C., peuple belge du nord de la Gaule (Gallia Belgica, Gaule belgique dans la terminologie antique). Les Éburons sont établis « entre la Meuse et le Rhin » selon César, dans la région de Tongres … ainsi qu'à Liège, dans l'Ardenne et en Campine. Ambiorix est devenu, dans la deuxième moitié du XIXe siècle, un des héros nationaux de la Belgique (à cause de sa résistance contre Jules César, relatée dans son Commentaire sur la guerre des Gaules). Pour plus d'informations, voir : https://fr.wikipedia.org/wiki/Ambiorix

> *Aussi la création attend-elle avec un ardent désir la révélation des fils de Dieu. Car la création a été soumise à la vanité – non de son gré, mais à cause de celui qui l'y a soumise – avec une espérance : cette même création sera libérée de la servitude de la corruption, pour avoir part à la liberté glorieuse des enfants de Dieu.*

Romains 8:19-21 COL

N'avez-vous jamais ressenti que le pays vous parlait ? Non, bien sûr, je ne veux pas dire par là adorer la terre ou quoi que ce soit d'autre de ce type, je veux dire quand, à travers la souffrance du pays et les gémissements intérieurs de son peuple, la création elle-même, crie de douleur et ensuite – étonnamment – reconnaît l'empreinte de vos pas quand vous passez.

La guérison ne vient cependant pas facilement, quand la souffrance est si profonde. Si vous regardez avec les yeux de votre cœur et écoutez avec les oreilles de votre cœur, vous ressentirez le profond désir de ce pays et de son peuple d'être guéris et d'entrer dans leur destinée.

Les morts sont au-delà de tout compte et il ne fait aucun doute que des milliers de corps reposent encore sous les villes actuelles et dans les champs. Et le sang crie.

Je me suis demandé encore et encore pourquoi toutes ces batailles semblent avoir eu lieu sur le sol de l'actuelle Belgique. C'est totalement sans commune mesure avec la taille de la nation. Vous pourriez répliquer que c'est à cause de la position stratégique de cette nation, à cause des luttes entres les empires et les ambitions des hommes. Vous pourriez dire beaucoup de choses mais aucune d'elle n'explique totalement la convergence de tant d'armées étrangères sur le sol de la Belgique. Pas juste une fois – même si une fois aurait été bien suffisant – mais maintes et maintes fois au cours des siècles. L'Europe a combattu jusqu'à la mort à cet endroit et le pays s'en souvient encore. Il y a quelque chose de ce genre dans la mémoire générationnelle qui nous affecte tous.

Des traumatismes profonds affectent le pays et le peuple, depuis de nombreuses générations après que ces évènements terribles se soient passés. Les traumatismes ont été étouffés et oubliés. Nous préférons oublier. Mais Dieu a son propre livre de souvenirs et quand le temps vient, il amène son peuple prophétique à se remémorer, à se souvenir et à se rappeler des choses qui ont été oubliées. Des choses oubliées – bonnes ou mauvaises – se réveillent.

Ces années 2020 et 2021, jusqu'à présent, laissent le souvenir du combat contre la COVID. Le coronavirus. Une véritable guerre de couronnes a lieu dans les lieux célestes.

> *Redira-t-on ta bienveillance dans le tombeau, Ta fidélité dans l'abîme de perdition ? Tes miracles sont-ils connus dans les ténèbres, Et ta justice dans la terre de l'oubli ?*
>
> Psaumes 88:11–12 COL

La réponse est "oui". Le pays se réveille. Dieu se souvient. Son livre nous est révélé.

Puissions-nous nous souvenir, nous aussi.

Belgique, reviens à la vie !

Le Cri

1. Une plaine et une naissance comme zone tampon

Alors Dieu dit : Qu'as-tu fait ? La voix du sang de ton frère crie du sol jusqu'à moi.

Genèse 4:10 COL

Vous ne profanerez pas le pays où vous serez, car le sang profane le pays ; et il ne sera fait pour le pays aucune expiation du sang qui y sera répandu, sinon par le sang de celui qui l'aura répandu.

Nombres 35:33 COL

Waterloo, Waterloo, Waterloo, morne plaine [1]

Ces mots de Victor Hugo sont bien connus, tant par les Belges que les Français, et ils sont enseignés à l'école dans beaucoup de nations européennes. Ils sont tirés des premiers vers d'un poème qui décrit ce qui s'est passé à la fin des guerres napoléoniennes, lorsque l'empereur français fut finalement vaincu par les troupes conduites par Wellington. Tout ceci advint dans la campagne, non loin de Bruxelles, dans un petit village appelé Waterloo.

Sang... sang... sang... des rivières de sang dans la plaine.

---

[1] Waterloo ! Waterloo ! Waterloo ! morne plaine !
En 1852, Victor Hugo écrivit différentes versions de ce texte qui devint particulièrement célèbre dans sa version finale :
Waterloo ! Waterloo ! champ noir ! tragique plaine !
Waterloo ! Waterloo ! morne et tragique plaine !
Waterloo ! Waterloo ! champ maudit ! morne plaine !

Le sang de milliers de jeunes soldats de toute l'Europe, rassemblés dans cette plaine en ce jour terrible, lorsque les armées de deux grands empires (l'Angleterre et la France), rejoints par d'autres superpuissances (la Prusse, la Russie, l'Autriche), s'affrontèrent pour la suprématie. Tel fut le contexte de naissance de ce qui deviendrait plus tard la Belgique, cette petite nation qui, maintenant, est devenue le siège de tant d'institutions européennes dans sa capitale, Bruxelles.

Dans Wikipédia, Histoire de la Belgique, « la naissance de la nation » est décrite comme suit :

> *Après la défaite de Napoléon à Waterloo en 1815, les trois grands vainqueurs (Grande-Bretagne, Autriche, Prusse et Russie) se mirent d'accord au Congrès de Vienne, de réunir les territoires des anciens Pays-Bas autrichiens (Belgique Austriacum) à ceux des anciennes Provinces-Unies, créant ainsi le Royaume uni des Pays-Bas, qui devait servir d'État tampon contre un éventuel réveil des ambitions françaises. A sa tête, fut placé un roi protestant, Guillaume Ier. A cette époque, la plupart des petits États ecclésiastiques du Saint-Empire romain germanique furent donnés à de plus grands États, y compris le prince-évêché de Liège qui est officiellement devenu une partie du Royaume-Uni des Pays-Bas.*

Le despote éclairé Guillaume Ier, qui régna de 1815 à 1840, avait un pouvoir constitutionnel presque illimité, la constitution ayant été écrite par un certain nombre de notables choisis par lui.

On peut vraiment parler d'une naissance traumatique, d'un cruel « fatum » - d'être créé comme un État tampon par un grand royaume (Angleterre) pour se protéger d'une autre grande nation (France). Sans compter le fait d'être placé sous le pouvoir et l'autorité despotique d'une troisième nation (les Pays-Bas), avec un nom supposé invoquer l'unité : le Royaume uni des Pays-Bas.

Eh bien, en à peu près quinze ans, cette unité proclamée s'est révélée être une illusion. Une portion de ce nouveau petit État tampon s'est mise à crier et a combattu pour son indépendance, se libérant des Pays-Bas en tant que « Belgique », une nouvelle monarchie.

On ne peut que s'imaginer ce qui se serait passé si Wellington avait été vaincu par Napoléon ce jour-là et pas le contraire. Est-ce que la France aurait imposé sa langue à tout le territoire ?

Et si Napoléon n'avait pas été vaincu, la France aurait-elle étendu son territoire jusqu'à devenir un pays voisin des Pays-Bas, chaque pays parlant sa propre langue, sans nécessité d'être bilingue sur un même petit territoire créé artificiellement pour servir de tampon ?

On peut se poser la question, la réponse nous aidant seulement à mieux comprendre le défi auquel fait face le peuple de ce petit État tampon, créé à partir de deux parties de territoire, parlant des langues différentes, qui doivent trouver un moyen de vivre ensemble, de se comprendre et de fonctionner comme un tout.

Par ailleurs, l'Empire français, l'Empire britannique et les Pays-Bas n'étaient pas les seuls à être impliqués dans la création d'un « État tampon ». Toutes les puissances importantes d'alors ont eu leur mot à dire sur ce qu'était appelé à devenir ce petit territoire, lorsqu'ils se sont réunis à Vienne pour dessiner la carte et déterminer les frontières de la future Europe, celle que nous allions connaître pour les prochaines générations à venir.

Ce congrès de Vienne dura fort longtemps – plusieurs mois – et beaucoup d'argent fut dépensé lors de sa tenue. L'Autrichien Metternich fut le diplomate qui organisa les discussions. Talleyrand rejoignit les négociations, bien qu'à l'origine, il n'avait pas été nommé pour représenter la France. Cependant il s'arrangea pour avoir accès à la table des discussions et défendre les intérêts de la France.

En 1815, ce ne fut cependant pas la Belgique mais « le Royaume uni des Pays-Bas / het Koninkrijk der Nederlanden / the United Kingdom of the Netherlands » qui fut créé. La Belgique, en tant que royaume, émergea en 1830 seulement, quand les locaux jetèrent les Hollandais dehors, dans un acte d'indépendance et de rébellion contre les Pays-Bas.

Un roi allemand, Léopold de Saxe Cobourg Gotha, fut alors choisi pour devenir le « Roi des Belges » - et non le « Roi de la Belgique », soit le roi sur un *peuple* et non sur un *territoire*. Selon certains [2], ce Léopold était un franc-maçon du 32ème degré, qui aurait pu être nommé Grand Maitre, s'il n'avait pas choisi de devenir le roi des Belges.

C'est ainsi que commença l'histoire de la Belgique, telle que nous la connaissons, politiquement, linguistiquement et spirituellement parlant. [3] Peu de gens en sont conscients. Cependant, pour comprendre la Belgique, ses blessures, ses

---

2   Voir chapitre 5 de ce livre pour plus de détails.

3   Historiquement, les choses sont plus compliquées. Ce n'est pas la Belgique à proprement parler qui a été créée comme zone tampon, mais plutôt le Royaume uni des Pays-Bas (1815) ; la Belgique est née ensuite de la révolte des Belges, suite à un souhait d'indépendance, et ce contre la stratégie du Congrès de Vienne.

luttes, sa destinée, son « livre de souvenir » doit être ouvert, lu et compris, spirituellement. C'est le temps maintenant.

Car c'est « pour un temps comme celui-ci » que cette petite zone tampon à été créée en Europe.

2. Un congrès et un traité

Tu ne reculeras pas les bornes de ton prochain posées par tes ancêtres, dans l'héritage que tu recevras au pays que l'Éternel, ton Dieu, te donne pour que tu en prennes possession.

Deutéronome 19 :14 COL

Après une bataille dans une plaine aux environs d'un petit village appelé Waterloo, un Congrès dans la capitale autrichienne, Vienne, fut le prochain pas vers la création de la Belgique. Wikipédia, à nouveau, nous aide à planter le décor historique : [1]

Le Congrès de Vienne de 1814-1815 fut l'une des conférences internationales les plus importantes de l'histoire européenne. Il remodela l'Europe après la chute de l'empereur français Napoléon Ier. Il s'agissait d'une réunion des diplomates des États européens présidée par l'homme d'État autrichien Klemens von Metternich [2], qui s'est tenue à Vienne... L'objectif était de fournir un plan de paix à long terme pour l'Europe en réglant les questions critiques découlant des guerres révolutionnaires françaises et des guerres napoléoniennes. L'objectif n'était pas simplement de restaurer les anciennes frontières, mais de redimensionner les principales puissances afin qu'elles puissent s'équilibrer et trouver un nouvel ordre pacifique. La France avait perdu toutes ses conquêtes

---

1   Voir en.wikipedia.org/wiki/Congress_of_Vienna.
2   Klemens von Metternich était un diplomate autrichien au centre des affaires européennes sur trois décennies, en tant que ministre des affaires étrangères de l'Empire autrichien.

récentes tandis que la Prusse, l'Autriche et la Russie avaient fait d'importants gains territoriaux...

L'« Acte final » du Congrès fut signé neuf jours avant la défaite finale, le 18 juin 1815, de Napoléon à Waterloo... D'un point de vue technique, le « Congrès de Vienne » n'était pas à proprement parler un congrès : il ne s'est jamais réuni en séance plénière. En lieu et place, la plupart des discussions eurent lieu lors de séances informelles en face à face entre les grandes puissances d'Autriche, de Grande-Bretagne, de France, de Russie et parfois de Prusse, avec une participation limitée ou nulle des autres délégués. D'autre part, le Congrès a été la première occasion dans l'histoire où, à l'échelle continentale, les représentants nationaux se sont réunis pour formuler des traités au lieu de s'appuyer principalement sur les messages des différentes capitales. Le règlement du Congrès de Vienne a constitué le cadre de la politique internationale européenne jusqu'au déclenchement de la Première Guerre mondiale en 1914.

En lisant cela, on peut comprendre qu'une forme de « marchandage » eut lieu entre les vainqueurs, au détriment de l'Empire français vaincu, chacun essayant de s'adjoindre des parts de territoire et de pouvoir.

Des négociations prenaient place derrière des portes closes, la transparence et le fair-play n'étaient pas la réalité première de ce soi-disant congrès. Les délégués ne se réunissaient pas en sessions plénières et l'intention n'était pas de restaurer d'anciennes frontières, mais « d'équilibrer le pouvoir ». Tel est le contexte de la création de ce qui a d'abord été le « Royaume uni des Pays-Bas », duquel, en 1830, émergera, comme nouvelle nation quelques quinze ans après, la Belgique, telle que nous la connaissons actuellement.

La première « transplantation » ou « greffe » ne sembla pas fonctionner au mieux et, après seulement quinze ans, une partie de ce nouveau territoire créé artificiellement se mit à rejeter l'autre partie. Dans un besoin d'affirmer sa propre identité, il choisit de se définir comme tout le contraire des Pays-Bas : là où les Pays-Bas étaient protestants, le nouveau royaume de Belgique serait essentiellement catholique et, pour ceux que la religion n'intéresserait pas, franc-maçon. [1]

La Belgique naquit donc, premièrement, d'une blessure profonde – la défaite sanglante de Waterloo – puis deuxièmement, d'une rébellion profonde contre le « pouvoir oppressif » ou perçu comme tel, des Pays-Bas. Pas vraiment un départ facile dans la vie...

Il faut ajouter ici que, bien que Waterloo et le Congrès de Vienne soient allés très loin dans ce démantèlement et ce remembrement des territoires, les frontières de ce que l'on appelle aujourd'hui la Belgique ont très souvent bougé et fusionné au cours des siècles précédents.

Ainsi, ce qui deviendrait la ligne de séparation entre les Wallons francophones et les Flamands néerlandophones, à savoir la ligne traversant la partie centrale de la future Belgique, était déjà une ligne de division majeure dans les siècles précédents :

---

[1] Voir chapitre 5 pour plus de détails. Voir aussi https://www.redalyc.org/jatsRepo/3695/369545832006/html/index.html.

Si la franc-maçonnerie « belge » était une structure sociale en grande partie non problématique au cours du 18ème siècle, elle a pris une toute nouvelle direction dans les premières décennies du 19ème. Un ensemble de nouvelles loges avec des membres principalement bourgeois a progressivement généré une franc-maçonnerie de plus en plus anticléricale et ouvertement politique à mesure qu'elle devenait l'épine dorsale du parti libéral du pays. Ce changement dans la franc-maçonnerie semble être venu des officiers français, qui ont importé la franc-maçonnerie plus anticléricale.

le fameux « limes » ou « système de fortifications romaines » qui séparait l'Empire romain du monde germanique [2].

C'est pourquoi, ce petit territoire qui deviendrait plus tard la Belgique, faisait face à un défi sérieux. Il devait unir en une seule nation deux mondes, deux langages et deux cultures – qui avaient été séparés depuis des siècles par un mur de division.

---

[2] Voir l'article « Le limes romain de Belgique » par Albert Grenier, Journal des Savants, Année 1944, 4, pp. 178–181, qui déclare que « La limite des langues flamande et wallonne paraît correspondre, de manière assez exacte, à la frontière que s'était tracée l'empire romain au IVème siècle »

3. Une question : Ces os peuvent-ils revivre ?

La main de l'Éternel fut sur moi, et l'Éternel me fit sortir en esprit et me déposa dans le milieu de la vallée ; celle-ci était remplie d'ossements. Il me fit passer auprès d'eux, tout autour ; or, ils étaient très nombreux, à la surface de la vallée, et très secs. Il me dit : Fils d'homme, ces os pourront-ils revivre ?

Ézéchiel 37:1-3 COL

Je passai près de toi, je t'aperçus en train de te débattre dans ton sang et je te dis : Vis dans ton sang ! Je te dis : Vis dans ton sang !

Ézéchiel 16:6 COL

Dès le premier livre de la Bible, depuis la Genèse et le sang répandu par Caïn lors du meurtre de son frère Abel, nous savons que « le sang crie », que la terre elle-même est affectée par les batailles combattues sur son sol. Dans d'autres passages du Livre, nous lisons même que la terre pousse des gémissements. Dès lors, qu'espérer d'un territoire connu comme étant « le champ de bataille de l'Europe » ? On estime qu'à Waterloo, 23 700 personnes sont mortes et 65 400 ont été blessées. Sang répandu. Carnage. Le sang d'une génération de jeunes soldats provenant de beaucoup de différentes nations d'Europe, répandu entièrement sur le sol de ce qui deviendrait la Belgique. Les historiens considèrent que les quatre jours de batailles de Waterloo furent une réelle boucherie, un des incidents les plus sanglants des guerres napoléoniennes. Certains ont écrit qu'en un jour, près de

55 000 hommes furent tués ou gravement blessés. Deux mille amputations auraient eu lieu à Waterloo...

Nous comprenons mieux comment un poète national comme Victor Hugo s'est senti poussé à écrire au sujet de cette *« morne plaine »*, essayant de mettre en mots ce qui a dû être un traumatisme national, voir international.

Certains corps n'ont jamais été récupérés. En fait, un seul squelette complet a été retrouvé sur le champ de bataille, assez récemment, en 2012, durant des fouilles archéologiques liées au bicentenaire de la bataille. Le corps retrouvé semble être celui d'un jeune homme de trente-trois ans, originaire du Hanovre, qu'on a appelé « le Soldat de Waterloo ». Les ossements sont exposés au *Mémorial Waterloo 1815*, un ensemble muséal construit en 2015 sur le site même de la bataille.

Une question se pose : *Pourquoi n'a-t-on retrouvé qu'un seul squelette complet ?*

La réponse a cette question est déchirante. L'historien John Sadler déclare : *« Beaucoup de ceux qui sont morts ce jour-là à Waterloo ont été enterrés dans des tombes peu profondes, mais leurs corps ont ensuite été déterrés et leurs squelettes ont été emportés. Ils ont été broyés comme engrais et ramenés chez eux pour être utilisés comme fertilisant pour les cultures anglaises. »* [1]

Des corps broyés et utilisés comme engrais sur le sol du vainqueur...

Aucun honneur manifesté à l'égard de ces morts.

---

[1] Voir Barney White-Spunner, *Of Living Valour: The Story of the Soldiers of Waterloo*, Simon & Schuster UK 2015.

Même une forme de profanation, puisque ces corps humains ont été utilisés pour engraisser des cultures et produire de la nourriture...

Autre question : qu'en est-il des « dents de Waterloo » ? En avez-vous déjà entendu parler, de ces dents ?

Je les ai découvertes lors de mes recherches en vue de la rédaction de ce livre. Les « dents de Waterloo » furent prélevées sur les cadavres des soldats après la bataille, pour en faire des dentiers. L'Association dentaire britannique (British Dental Association) explique : *« De fausses dents pouvaient être sculptées à partir d'ivoire d'hippopotame, de morse ou d'éléphant, mais elles paraissaient moins réelles et se décomposaient plus rapidement que des dents humaines. Les cadavres humains étaient la meilleure source de dents de remplacement. Après une bataille majeure, comme celle de Waterloo en 1815, des charognards parcouraient le champ avec des pinces, prêts à piller les bouches des soldats morts. »*

On garantissait que ces dents provenaient de soldats jeunes et en bonne santé, des hommes tués dans leur prime jeunesse...

Sélah. Faites une pause.
Prenez une inspiration profonde.
Osez ressentir les choses.
Pensez-y.

Mais nous n'en avons pas encore fini.

Ce ne sont pas seulement des milliers d'hommes qui moururent à Waterloo, on estime aussi que 7 000 chevaux périrent au cours de la bataille. Que lit-on au sujet de ces chevaux ?

On arrachait les fers des chevaux pour les revendre, avant de disposer leurs cadavres dans de vastes bûchers et de les incendier. Les piles de corps humains non enterrés, qui jonchaient le sol depuis des jours, devenaient littéralement noirs, dans la chaleur torride du soleil de juin, ce qui rendait la scène plus infernale encore. La seule chose à faire était de brûler les hommes comme on brûlait les chevaux – selon une source, « Ils ont été obligés de brûler plus d'un millier de carcasses, un terrible holocauste au démon de la guerre ». [2]

Quelles sont les conséquences d'une telle boucherie ? Est-ce que des effets à long terme peuvent continuer d'affecter la plaine ou ses environs ? Quelles sont les retombées sur les générations suivantes, les fils, les petits-fils, les arrière-petits-fils et les arrière-arrière-petits-fils de ceux qui ont survécu, souvent estropiés ?

Pendant de longues années, la Belgique a eu une réputation sombre dans les cercles internationaux chrétiens. Elle était connue comme « le cimetière des missionnaires ». Cette expression était largement répétée – combinant la gloire et la honte. Certains missionnaires venaient, avec un appel et un désir de partager la Bonne Nouvelle. Cependant après quelques années où ils avaient fidèlement « labouré le sol », ils devaient battre en retraite et quitter la Belgique, avec peu de fruits pour leur labeur. Un sol rocailleux, où la semence n'arrive pas à prendre racine…

Pendant de nombreuses années, aussi, des missionnaires et des évangélistes ont parlé de la lourdeur qu'ils ressentaient en atterrissant à l'aéroport national de Bruxelles, de

---

[2] Extrait d'un article « Five grisly facts about the battle of Waterloo » (Cinq faits horribles à propos de la bataille de Waterloo) du blog de "Yesterday UK TV"

l'impression de nuages noirs entourant l'endroit et créant cette atmosphère lourde.

Autre aspect : selon les statistiques officielles, la Belgique a eu, durant plusieurs années, le taux de suicide le plus élevé de tous les pays de l'Europe occidentale. Le taux de suicide belge est même « lamentablement élevé » selon l'OMS (Organisation Mondiale de la Santé). [3] On peut lire sur un site web officiel du gouvernement que « Les comportements suicidaires (idées suicidaires, tentatives et suicides effectifs) représentent un important problème de santé publique et de société en Belgique ». [4]

Les intercesseurs chrétiens de Belgique ne sont cependant pas restés inactifs ces dernières années et, heureusement, les choses commencent à changer. Depuis quelques années maintenant, lorsqu'ils arrivent à l'aéroport national, les visiteurs rapportent qu'ils ont d'autres impressions : vision de percées de lumière (trous) à travers les nuages et ressenti que le poids de la lourdeur spirituelle commence à se lever.

Aussi, pour la première fois depuis des années, en 2018, le taux de suicide de la Belgique a commencé à diminuer. [5]

Certaines personnes, prophétiques, ont commencé à proclamer : *« Belgique, lève-toi ! »*

Nous voulons nous joindre à cette proclamation.

---

3 www.thebulletin.be/belgian-suicide-rate-dismally-high-according-who

4 www.belgiqueenbonnesante.be/fr/etat-de-sante/sante-mentale/comportements-suicidaires

5 Malheureusement, avec la pandémie de la COVID-19 et les conséquences du confinement, la situation s'est à nouveau détériorée. Néanmoins, le « passage d'un pic » a pu être observé avant cette crise.

Cependant, pour aider à cet avènement, il faut prendre en considération les souffrances non résolues et les iniquités : confession, repentance, dernières poussées d'enfantement dans la prière d'intercession sont nécessaires.

Ne prenons pas à la légère les blessures profondes. Rappelons-nous ce que Jérémie, celui qu'on appelle « le prophète qui pleure », a écrit :

> *Ils soignent à la légère la blessure de mon peuple : Paix ! paix ! disent-ils ; Et il n'y a point de paix.*
>
> Jérémie 6:14 COL

> *Je suis brisé par la blessure de la fille de mon peuple, Je suis sombre, La désolation me saisit. N'y a-t-il plus de baume en Galaad ? N'y a-t-il plus de médecin là-bas ? Pourquoi donc le rétablissement de la fille de mon peuple ne progresse-t-il pas ?*
>
> Jérémie 8:21-22 COL

Considérons ce que des traumatismes répétés – des douleurs de la naissance aux nombreux bains de sang – peuvent faire à une personne et à un peuple. N'essayons pas de les soigner à la légère, disant : « Paix ! Paix ! », alors qu'en fait, le baume n'a pas été appliqué en profondeur.

Puisse ce livre nous aider à nous souvenir, afin de prendre soin des plaies. Que ce soit un des moyens d'aider la « magnifique Belgique » à se relever et à briller. [6]

---

6   Voir Annexe 1 par Jean-Antoine à la fin de ce livre.

Belgique, reviens à la vie !

Le Défi

4. Un diplomate autrichien

Les lèvres fausses sont en horreur à l'Éternel, mais ceux qui agissent avec fidélité ont sa faveur.

Proverbes 12:22 COL

Les Lévites prendront la parole et diront d'une voix haute à tout Israël : [...] Maudit soit celui qui déplace la borne de son prochain ! – Et tout le peuple dira : Amen !

Deutéronome 27:14,17 COL

Diplomatie.

Ce peut être un compliment, lorsqu'on se réfère au sens de la diplomatie de quelqu'un, entendant par là qu'une personne sait quoi dire et comment le dire, pour ne pas endommager la relation en offensant l'autre. Cependant, la diplomatie peut aussi avoir un « côté tranchant ». Selon l'Encyclopedia Britannica, la diplomatie est la pratique consistant à influencer les décisions et la conduite de gouvernements étrangers ou d'organisations, par le dialogue, la négociation et d'autres moyens non-violents.

Cette dernière partie attire notre attention : les « autres moyens non-violents ». Présentés comme « autres moyens », sans être davantage définis.

La diplomatie était au cœur de ce qui s'est passé avant et après la bataille de Waterloo et elle s'est jouée sur un autre territoire, loin du champ de bataille, dans la capitale de l'Autriche : Vienne. Voilà ce qu'on peut lire [1] à propos du Congrès de Vienne :

> *Le Congrès fonctionnait par le biais de réunions formelles telles que des groupes de travail et des fonctions diplomatiques officielles; cependant, une grande partie du Congrès s'est déroulée de manière informelle dans des salons, des banquets et des bals.*
>
> *Pratiquement tous les États d'Europe avaient une délégation à Vienne – plus de 200 États et maisons princières étaient représentés au Congrès. En outre, il y avait des représentants de villes, de corporations, d'organisations religieuses (par exemple, des abbayes) et de groupes d'intérêts particuliers... Le Congrès était réputé pour ses divertissements somptueux: selon une blague célèbre, il ne bougeait pas, mais dansait.*
>
> *Klemens Wenzel, Prince de Metternich, était un homme politique autrichien. Il est considéré comme l'un des diplomates les plus importants de tous les temps. Metternich était ministre des Affaires étrangères de l'Autriche... Après la défaite napoléonienne, il croyait que la meilleure façon de maintenir la paix en Europe était de créer un équilibre des forces, ce qui signifie qu'aucun pays n'était assez fort pour battre tous les autres pays. Pour s'en assurer, il a rendu certains pays plus forts, de sorte que d'autres pays (en particulier la France) y réfléchissent à deux fois avant d'entrer en guerre.*

Au-delà de montrer du doigt les protagonistes les plus impliqués (Angleterre, Autriche, Prusse), il semble qu'un agenda caché existait derrière les écrans de fumée. Comme une large part du Congrès se tenait de manière informelle, dans des salons, des banquets et des bals, beaucoup d'espace était alloué à l'utilisation « d'autres moyens non-violents » de la diplomatie.

---

1   en.wikipedia.org/wiki/Congress_of_Vienna.

Le mystérieux agenda caché était probablement la raison de l'étrange alliance entre catholiques et libéraux, conclue dans le but de créer la « Belgique ». De nombreuses promesses semblent avoir été faites en coulisses [2]; au moment de la création de la Belgique, dont très peu de gens étaient au courant. Les personnes qui ont fait ces promesses n'avaient pas nécessairement l'autorité légitime ou la position juridique pour le faire.

Certains les ont faites par cupidité ou par soif de pouvoir, opérant à partir de ce que nous appelons « un esprit de séduction ». Historiquement, il semble que Metternich fonctionnait beaucoup par le bouche-à-oreille, murmurant des promesses sans jamais rien mettre sur papier.

Beaucoup d'argent et de nombreux intérêts financiers étaient également en jeu.

Selon les archives des Rothschild [3], en 1820, le Prince Metternich, Ministre autrichien des affaires étrangères, est entré en négociation avec la Maison de Rothschild, pour un emprunt important. Les arrangements compliqués engendrés par cet énorme emprunt, ont nécessité la présence d'un Rothschild à Vienne et ont amené Salomon Rothschild à déménager dans cette ville et à y établir une banque.

Certains auteurs affirment que, comme Nathan Mayer Rothschild avait une connaissance anticipée de l'issue de

---

[2] Cette partie, qui développe ce que l'utilisation des « autres moyens non-violents » a pu être, est inspirée d'un temps d'intercession que j'ai eu avec quelques leaders spirituels de différents pays après la Journée nationale de prière de 2020 ; pendant ce temps, quelqu'un a vu des rouleaux scellés remis dans les coulisses – ce qui aurait pu en effet se produire, étant donné le « contexte dansant » du Congrès.

[3] Voir family.rothschildarchive.org/people/24-salomon-mayer-von-rothschild-1774-1855

la bataille de Waterloo, ses courriers auraient livré des informations sur la victoire à Londres, avant même que le Cabinet britannique lui-même ne le sache. On pense qu'il a utilisé ces connaissances pour spéculer sur la Bourse de Londres et que, grâce à cet avantage injuste par rapport aux autres actionnaires britanniques, il s'est constitué une vaste fortune en les escroquant.

Quoi qu'il en soit, le fait est qu'en 1816, ses quatre frères ont été élevés au rang de nobles, par l'empereur d'Autriche. Ils étaient maintenant autorisés à faire précéder le nom Rothschild par la particule « von ».

Tout cela pour dire que la naissance de la Belgique, en 1830, n'a pas seulement résulté d'un rassemblement officiel de nations pour discuter du meilleur avenir possible pour l'Europe, après une guerre sanglante. C'est aussi le résultat de transactions moins transparentes par des parties moins directement identifiées aux parties prenantes officielles.

Ou, pour le dire avec moins de diplomatie: beaucoup de marchandages et de manœuvres ont eu lieu autour de la naissance du bébé Belgique!

5. Un roi et maître allemand

> *Le cœur du roi est un courant d'eau dans la main de l'Éternel ; Il l'incline partout où il veut. Toutes les voies de l'homme sont droites à ses yeux ; Mais celui qui pèse les cœurs, c'est l'Éternel.*
>
> Proverbes 21:1-2 COL

Comme Ignace Demaerel, leader du mouvement Pray4Belgium, me l'a rappelé récemment, la Belgique n'est pas née « en une fois ».

En premier, ce qui fut créé en 1815 au Congrès de Vienne, fut une entité appelée *Royaume uni des Pays-Bas*, qui devait servir d'État tampon contre toute future invasion française. Créé au lendemain des guerres napoléoniennes par la fusion de territoires qui appartenaient à d'autres nations ou entités, ce Royaume uni des Pays-Bas était une monarchie constitutionnelle gouvernée par Guillaume 1er d'Orange-Nassau.

Cette entité politique s'effondra après seulement quinze ans, en 1830, avec l'éclatement de la révolution belge. Avec la sécession de ce qui deviendra la Belgique, les Pays-Bas se retrouvèrent de facto avec un territoire réduit. Ils refusèrent de reconnaître l'indépendance belge, jusqu'en 1839, où fut signé le traité de Londres, qui fixa la frontière entre les deux États, garantissant l'indépendance et la neutralité belge, en tant que « Royaume de Belgique ». [1]

---

[1] Pour plus de détails voir : fr.wikipedia.org/wiki/Royaume_uni_des_Pays-Bas.

Ainsi, après une guerre traumatisante, la Belgique naquit d'une rébellion et d'une révolution pour parvenir à l'indépendance et, on pourrait dire, pour réajuster ses frontières selon un meilleur « sentiment national ».

Le résultat de cette rébellion a amené le nouveau Royaume de Belgique à beaucoup se déterminer comme « contra ».

Contra les Hollandais et leur roi protestant : le premier gouvernement de Belgique serait un mélange de catholiques et de francs-maçons (presque parfaitement moitié-moitié). En effet, en Belgique, au 19ème siècle, les principaux partis politiques étaient le Parti libéral et les Catholiques – ce premier parti étant libéral non seulement dans ses vues économiques, mais aussi dans ses vues religieuses et philosophiques.

Cela se reflèterait plus tard dans les structures d'éducation du pays, avec la création en 1834 de l'ULB [2], Université Libre de Bruxelles ou Free University Brussels, « libre » ou « affranchie » comme dans franc-maçonnerie. [3] Les créateurs de cette nouvelle université, qui présentait une alternative, ontra, à l'UCL [4], étaient en fait des francs-maçons. [5]

---

[2] A propos de cette « liberté », voir le livre d'Otto Bixler de Ellel Ministries, *It Isn't Free and It Isn't Masonry*, June 2016, Zaccmedia.

[3] Pour nuancer encore davantage : les francs-maçons de ce temps étaient souvent, en même temps, catholiques ; ce n'est que vers 1838, que le pape écrivit une lettre officielle pour condamner la franc-maçonnerie, montrant que les deux étaient incompatibles ; donc, dans ces années-là « franc-maçon » ne signifiait pas « athée ».

[4] Université catholique de Louvain, une des plus anciennes d'Europe

[5] ULB et UCL sont toujours les principales universités francophones de Belgique. Réfléchissez à cela : Si vous voulez étudier dans ce pays, vous devez choisir entre une université catholique ou franc-maçonne. Ce n'est pas un choix facile – surtout si vous êtes protestant.

Ce « contra » s'est exprimé aussi dans le choix d'un roi et d'une langue officielle pour le nouveau Royaume de Belgique. Comme la famille Orange-Nassau et le néerlandais avaient été écartés, la Révolution belge a conduit, en 1830, à l'établissement d'une Belgique catholique et bourgeoise, parlant officiellement le français, neutre et indépendante, sous un gouvernement provisoire. [6] A l'origine, le français fut la seule langue officielle, adoptée par la noblesse et la bourgeoisie. Cependant, il perdit progressivement de son importance générale, lorsque le néerlandais fut aussi reconnu. Cette reconnaissance ne devint officielle qu'en 1898. [7]

Un roi devait maintenant être trouvé pour le nouveau royaume et cela prit un peu de temps. Il n'y avait pas beaucoup de candidats appropriés ; finalement, le gouvernement belge offrit cette position à Léopold de Saxe-Cobourg et Gotha, qui devint Léopold 1er, roi des Belges. Qu'est-ce qui faisait de lui un choix approprié ?

A l'issue de la défaite de Napoléon, Léopold s'était installé au Royaume-Uni où il avait épousé la princesse Charlotte de Galles, héritière en second du trône britannique. Cette position lui fut offerte en raison de ses relations diplomatiques avec les maisons royales d'Europe et parce ce qu'en tant que candidat soutenu par la Grande-Bretagne, il n'était pas affilié à d'autres puissances, comme la France, qui pouvait potentiellement avoir encore des ambitions territoriales en Belgique. [8]

---

6   Pour plus d'informations sur la naissance de la Belgique, voir fr.wikipedia.org/wiki/Histoire_de_la_Belgique

7   Et en 1967 (seulement), le parlement accepta une version néerlandaise de la Constitution.

8   Pour plus d'informations sur Léopold 1er, voir fr.wikipedia.org/wiki/Léopold_Ier_(roi_des_Belges)

En tant qu'Allemand, Léopold de Saxe-Cobourg et Gotha était un protestant. Cependant, il semble qu'il était aussi franc-maçon. Et pas d'un bas degré : on lui aurait offert le poste de *Vénérable Grand Maître de la Nouvelle Loge du Grand Orient de Belgique*, qu'il aurait décliné et donné à l'un de ses plus proches collaborateurs.

Le conditionnel « aurait » est utilisé ici, car les historiens belges se sont engagés, au fil des ans, dans des débats conflictuels à ce sujet. [9]

Ce qui est bien établi, c'est que la naissance du Royaume de Belgique a conduit, en 1833, à la création du Grand Orient de Belgique. [10] Ce qui est moins bien établi, c'est que sa création aurait eu lieu avec le soutien de Léopold 1er de Belgique, qui aurait lui-même été initié dans la « loge de l'Espérance », à Berne, en 1813. Et qu'on lui aurait proposé le poste de Vénérable Grand Maître.

Ceci étant dit, un fait intéressant à propos de Léopold de Saxe-Cobourg et Gotha est qu'une fois proclamé roi, il décida d'assister aux offices de la chapelle protestante, près du palais du Coudenberg dans le centre de Bruxelles. La chapelle devint la « Chapelle royale ». [11] Cependant, la chapelle fait partie du palais de Charles de Lorraine, ami du philosophe français Voltaire, bien connu pour être franc-maçon.

---

9   Voir à ce propos, Jean van Win, Léopold 1er, le roi franc-maçon.
10   Une coupole de loges maçonniques, accessible uniquement aux hommes et qui, comme d'autres juridictions continentales européennes, ne requiert pas de ses initiés qu'ils croient en un Être Suprême.
11   Après la révolution française, Napoléon a signé un décret assignant la chapelle à la foi protestante, en octobre 1804.

Les cinq salles de la résidence de Charles de Lorraine présentent des objets évoquant les Pays-Bas autrichiens et la Principauté de Liège au XVIIIe siècle, tels qu' une chaise à porteur, un traîneau, des médailles, pièces d'orfèvrerie et porcelaines, des instruments scientifiques et techniques (francs-maçons dans le texte équivalent en anglais), des tableaux, instruments de musique ainsi qu'une table parfaitement dressée. Ces objets reconstituent le cadre de vie et les préoccupations de Charles de Lorraine, gouverneur général des Pays-Bas autrichiens de 1744 à 1780 et un intellectuel curieux de sciences, connaisseur des encyclopédies de Diderot et d'Alembert, intéressé par l'occultisme, amateur d'art et collectionneur passionné. [12]

Pourquoi prendre le temps de mentionner ces aspects ? Eh bien, si le premier Roi des Belges était un franc-maçon d'un des plus hauts degrés, au point qu'on lui aurait offert le poste de Grand Maître d'une nouvelle loge, d'un pays nouvellement né, et si son protestantisme était d'une nature s'exprimant dans un bâtiment d'arrière-plan maçonnique, cela n'est pas sans conséquences sur le développement spirituel du pays.

Ces aspects sont-ils suffisamment connus ?

Et si oui, est-ce que cela a été confessé ? Y a-t-il eu une repentance appropriée et par les bonnes personnes ? [13]

Nous savons que la franc-maçonnerie dans une famille peut avoir comme conséquences des morts prématurées, de la

---

12 visit.brussels/fr/visiteurs/venue-details.Palais-Charles-de-Lorraine.6884

13 J'ai moi-même fréquenté pendant dix ans la Chapelle Royale Protestante de Bruxelles en tant que jeune protestante nominale et libérale. Lorsque, plus tard, je suis « née de nouveau » j'ai clairement été conduite à quitter cette chapelle et à vivre un nouveau commencement, en trouvant et en rejoignant une autre église.

stérilité, des suicides (en particulier des mâles premiers-nés). Qu'en est-il des effets de la franc-maçonnerie sur un pays ? Lorsque le premier roi et le « père du pays » est un éminent franc-maçon ? [14] Est-ce que cela aurait quelque chose à voir avec le taux élevé de suicides en Belgique ? Et si oui, qu'est-ce qui devrait être fait ?

A propos de la mort du fils premier-né, comme conséquence d'alliances maçonniques (spécialement pour les plus hauts degrés), il est intéressant de noter ce qui est arrivé avec les fils de Léopold 1er et Léopold II.

Léopold II est né à Bruxelles en tant que deuxième, mais plus âgé des fils survivants de Léopold 1er. Il succéda à son père sur le trône de Belgique et régna durant 44 ans, jusqu'à sa mort (le plus long règne de tous les monarques belges). Il mourut sans fils survivants légitimes.

Le roi de Belgique actuel descend de son neveu et successeur, Albert 1er. Le fils de Léopold II était déjà décédé. Cependant, lorsque le frère aîné d'Albert, le prince Baudouin de Belgique – qui avait par la suite été préparé pour le trône – mourut également à un âge précoce, Albert, à l'âge de 16 ans, devint de manière inattendue le deuxième dans l'ordre de succession (après son père) à la couronne belge.

Si un arbre se reconnaît à ses fruits, remarquons ici que l'arbre généalogique, avec la mort prématurée des fils premiers-nés, pourrait pointer en direction de la franc-maçonnerie.

---

14 Voir le livre d'Otto Bixler, d'Ellel Ministries, *Widows, Orphans and Prisoners*, January 2009, New Generations Publisher

6. Reproduire l'abus : le Congo

Pratiquer la justice et le droit, voilà ce qui est, pour l'Éternel, préférable aux sacrifices. Des regards hautains et un cœur qui s'enfle, cette lampe des méchants n'est que péché... Des trésors acquis par une langue fausse sont une vanité fugitive de gens qui recherchent la mort... Celui qui ferme son oreille au cri du faible criera lui-même et n'aura pas de réponse.

Proverbes 21:3,4,6,13 COL

Chaque monarchie, je suppose, a ses bons et ses mauvais rois. La Belgique a certainement eu de bons rois, comme le roi Albert 1er, par exemple, qui s'est distingué durant le 1ère guerre mondiale (voir le chapitre 9 de ce livre) et qui était connu sous le nom de « Roi Chevalier ».

Cependant, Léopold II, fils du premier Roi des Belges et cousin germain de la Reine Victoria de Grande-Bretagne, était « le meilleur et le pire roi » en même temps ou, selon le point de vue, l'un ou l'autre.

Léopold II est connu comme le Roi bâtisseur : la plupart des grandes avenues et des parcs de Bruxelles ont été construits sous son règne. [1] Il a joué un rôle significatif dans le développement de l'État moderne belge et l'a rendu économiquement prospère.

1　Comme, par exemple, les monumentales *Arcades du Cinquantenaire* de Bruxelles.

Cependant, cette prospérité a été bâtie sur l'abus d'une autre nation : le Congo, qui est devenu d'abord une propriété personnelle de Léopold, puis bien plus tard une colonie belge – c'était déjà en soi un montage assez particulier.

Si la Belgique a été établie artificiellement comme une zone tampon, au bénéfice de la paix d'autres nations, sur un sol taché de sang, la jeune nation allait bientôt reproduire ce modèle d'utilisation des ressources d'autrui à son propre avantage. Née à la suite des guerres napoléoniennes et des traumatismes afférents, abusée ou tout du moins exploitée [2], la Belgique reproduirait en quelque sorte les abus sur une « nation fille », autre nom qu'on pourrait donner à une colonie.

Durant les dernières décennies, la psychologie nous a enseigné que les traumatismes qui ne sont pas guéris tendent à se reproduire. Nous voyons cela, par exemple, avec les pédophiles : souvent ils ont été eux-mêmes victimes de pédophiles en tant qu'enfants et en l'absence d'une aide appropriée, ont tendance, en tant qu'adultes, à devenir eux-mêmes des agresseurs et à s'en prendre aux autres de la même façon. Il en est de même avec les enfants battus, souvent victimes de parents qui eux-mêmes, en tant qu'enfants, ont

---

2 Si nous voulons utiliser une image vivante pour essayer d'illustrer ce qu'être utilisé comme zone tampon par les autres peut signifier, pensez à une mère et un père qui se disputent ; la mère, à un moment donné, met son fils ou sa fille entre elle et son mari, comme bouclier. L'enfant encaissera les coups, les deux parents s'en sortant quant à eux indemnes (nous n'oserions pas dire « en paix »). Les zones tampons parlent en fait plus d'une tentative pour « garder la paix » que d'un véritable effort pour « faire ou établir la paix » (en anglais, peace keeper plutôt que peace maker). En fait, la guerre n'est jamais bien loin quand on s'en tient à du « peace keeping ». La zone tampon est là pour être utilisée si quelque chose devait éclater tout à nouveau.

été blessés et meurtris par leurs propres parents. C'est un cercle vicieux qui doit être brisé.

« Il en va des nations comme des êtres humains », comme le dit une intercesseuse belge impliquée dans la guérison intérieure depuis de nombreuses années. [3]

Souhaitant faire de la Belgique une puissance impériale, Léopold II a dirigé les premiers efforts européens pour développer le bassin du fleuve Congo. [4] Il a persuadé d'abord les Etats-Unis, puis toutes les grandes nations d'Europe occidentale, de reconnaitre le Congo comme sa propriété personnelle. Il l'a appelé *« État libre du Congo »* [5], connu aussi comme *« État indépendant du Congo »*. C'était la seule colonie privée au monde et Léopold se considérait comme son « propriétaire ».

L'administration par Léopold II de « l'État libre du Congo » et son système de travail forcé dans l'industrie du caoutchouc étaient caractérisés par des atrocités et une brutalité systématique, incluant tortures, meurtres et amputations des mains d'hommes, femmes et enfants quand les quotas de production de caoutchouc n'étaient pas atteints. En 1890, George Washington Williams utilise le terme de « crimes contre l'humanité » pour décrire les pratiques de l'administration de Léopold au Congo. [6]

---

3   Voir l'annexe à la fin de ce livre sur le *Traumatisme de la naissance*.
4   A propos de Léopold II, voir www.britannica.com/biography/Leopold-II-king-of-Belgium.
5   Encore une fois, cette vision de la « liberté » est « unique en son genre », mais s'avère assez cynique envers les populations qui finiront par être traitées comme des esclaves.
6   Voir fr.wikipedia.org/wiki/Léopold_II_(roi_des_Belges).

Dans son excellent livre, *Congo, une histoire* [7], David Van Reybrouck, un historien belge contemporain, décrit la situation : *L'invention par John Boyd Dunlop du pneumatique en caoutchouc gonflable, créa une demande de caoutchouc congolais. Les profits furent utilisés pour construire la Belgique au dépend des vies congolaises. Le meurtre était courant. Comme les balles étaient rares, on avait l'habitude de couper les mains de ceux qui avaient été abattus comme preuve qu'une balle avait été utilisée pour tirer sur une personne et non sur un animal. C'était pire que l'esclavage :* « *Parce que tandis qu'un propriétaire prenait soin de son esclave... par définition, les mesures de Léopold en matière de caoutchouc n'avaient aucun respect pour l'individu.* » *Il serait absurde de parler de génocide ou d'holocauste, dit Van Reybrouck,* « *mais c'était clairement une hécatombe* ».

Malheureusement, alors que la Belgique avait dû endurer beaucoup d'atrocités sur son propre territoire à la Bataille de Waterloo, elle finit par reproduire les mêmes atrocités dans sa colonie, le Congo. Ces amputations de mains et de pieds sont largement documentées dans un livre qui, lorsqu'il a été publié en 1998, est devenu un best-seller : « *King Leopold's Ghost: A Story of Greed, Terror and Heroism in Colonial Africa* » [8] (en français « Les fantômes du Roi Léopold, une histoire de cupidité, de terreur et d'héroïsme dans l'Afrique coloniale »). Ce titre vient d'un poème écrit en 1914, par le poète de l'Illinois, Vachel Lindsay. Condamnant les actions de Léopold, Lindsay écrit :

---

7   Voir l'excellent livre de David Van Reybrouck, « *Congo, une histoire* », 2012, Ed. Actes Sud

8   *King Leopold's Ghost: A Story of Greed, Terror and Heroism in Colonial Africa* (1998) est un livre historique de Adam Hochschild, devenu un bestseller. Ce livre avait été refusé par neuf des dix maisons d'éditions américaines auxquelles une ébauche avait été soumise, avant de devenir un bestseller inattendu. En 2013, plus de 600 000 exemplaires avaient été imprimés dans une douzaine de langues.

> *Listen to the yell of Leopold's ghost,*
> *Burning in Hell for his hand-maimed host.*
> *Hear how the demons chuckle and yell,*
> *Cutting his hands off, down in Hell*

(Traduction)

> *Ecoutez le fantôme de Léopold crier*
> *Brûlant en enfer pour les mains mutilées*
> *Ecoutez les démons glousser et crier*
> *Occupés là en enfer à lui couper les mains.*

Un siècle déjà avant la publication de ce livre, Joseph Conrad avait donné une image saisissante de la quête européenne brutale et vorace de l'ivoire au Congo, dans son roman *« Au cœur des ténèbres (Heart of Darkness) »*. Conrad avait passé six mois au Congo, en 1890, comme officier sur un bateau à vapeur. [9]

« Kurtz » est le personnage central de cette nouvelle ; commerçant d'ivoire et directeur d'un comptoir, il s'attribue par-là une position de demi-dieu parmi les indigènes africains. Comme vous vous en souvenez peut-être, le fameux film de Francis Ford Coppola, de 1979, sur la guerre du Vietnam, *Apocalypse Now*, se concentre sur la mission du protagoniste de trouver et de tuer le renégat « Colonel Kurtz », joué par Marlon Brando et inspiré du personnage de Conrad. Le script reconnaît avoir utilisé *Au cœur des ténèbres* comme source d'inspiration et les dernières paroles du Colonel Kurz, « L'horreur ! L'horreur ! » font écho à celles de son homonyme dans la nouvelle de Conrad.

---

[9] Conrad avait un penchant bien connu pour les adolescentes, et à l'âge de 65 ans, il entama une liaison avec une ancienne prostituée adolescente, de laquelle il eu deux enfants illégitimes de plus.

Boucherie, à nouveau. Bain de sang, à nouveau.

Enfer, au cœur des ténèbres, crime contre l'humanité.

Le rôle joué dans ce bain de sang par Henri Morton Stanley, le journaliste americano-gallois, explorateur puis plus tardadministrateur colonial, qui fut fameux pour son exploration de l'Afrique équatoriale et sa recherche du missionnaire et explorateur David Livingston, ne doit pas être oublié.

Le livre de Stanley décrivant son voyage, *Through The Dark Continent* (A travers le continent mystérieux – ou, littéralement, sombre) rencontra un vif succès. Un de ceux qui le lut, fut le Roi Léopold II. La terre sauvage décrite par Stanley semblait, pour le roi belge, être le candidat idéal à ses ambitions coloniales. Stanley avait essayé de persuadé les autorités britanniques de le mandater pour amener la région sous leur contrôle, mais sans succès.

En 1879, Stanley conduisit une expédition à travers le bassin du Congo pour le Roi Léopold, établissant un port pour les bateaux à vapeur sur la rivière et persuadant les chefs de tribus autochtones de signer la renonciation à leurs droits sur leur terre. Même selon les standards de ce temps, Stanley était considéré comme brutal – tirant sur les autochtones à la moindre provocation, pillant les stocks d'ivoire et donnant aux gens un avant-goût du nouveau régime sanguinaire. [38]

L'histoire de la Belgique et de ses colonies n'est pas glorieuse.

L'honneur a manqué.

En ce qui concerne le Rwanda et le Burundi, ils ont été sous administration belge durant des années. Lorsque l'horrible chapitre des génocides a eu lieu, trente ans après leur indépendance, la Belgique n'a pas été irréprochable. L'ancienne domination belge avait renforcé la division entre les deux tribus – Hutus et Tutsis. Même si la Belgique, pendant le génocide, n'a pas été directement impliquée dans les meurtres, elle n'a pas assumé toutes ses responsabilités et n'a pas fourni une assistance appropriée en cas d'extrême urgence. Si les colonies peuvent être considérées d'une manière ou d'une autre comme des « nations filles », on peut dire que la Belgique a échoué en tant que mère.

Cependant, au cours des années, les intercesseurs de Belgique ne sont pas restés inactifs. Beaucoup de rencontres ont été organisées entre des chrétiens de Belgique, du Congo, du Rwanda et du Burundi, pour entendre des témoignages, pleurer, se repentir, demander pardon, le recevoir ou le donner et avec lui, vivre des guérisons. Des lettres ont été écrites au gouvernement. Des délégations de chrétiens se sont rendues au Congo en 2006 et en 2008 pour demander publiquement pardon. Ce sont des intercesseurs et des leaders de certaines églises qui l'ont fait, mais cela doit aussi se passer de manière officielle, au niveau du gouvernement. Une telle forme d'administration et un tel système de travail forcé influence

---

10 Pour plus d'informations à ce sujet lire curieuseshistoires-belgique. be/henry-morton-stanley-le-conquistador-deprave/ ou en anglais headstuff.org/culture/ history/henry-stanley-the-man-who-stole-the-congo/. Tout cela n'empêcha pas ce tyran cruel d'être fait chevalier en 1899 et de servir au Parlement britannique de 1895 à 1900. Mais l'histoire coloniale est de nos jours réexaminée et de soi-disant grands hommes des siècles passés sont en train de tomber de leur piédestal. Voir, par exemple, l'article publié dans The Independent, *The disfigured statue of Henry Morton Stanley we presume* (La statue défigurée de Henry Morton Stanley, nous supposons) ou congovirtuel.com/information/uk-a-cause-de-10-millionse-de-morts-de-leopold-ii-au-congo-la-statue-de-henry-morton-stanley-pourrait-etre-retiree-du-centre-ville-de-denbigh/.

profondément la constitution d'une nation. La repentance doit avoir lieu à un niveau plus haut ou plus profond.

Une mesure de guérison plus profonde a eu lieu lorsque le souverain actuel Philippe de Belgique a personnellement exprimé des regrets par écrit. Le 30 juin 2020, lors du 60ème anniversaire de l'indépendance du Congo par rapport à la Belgique, le monarque a publié un communiqué selon lequel il exprimait « ses plus profonds regrets » pour les blessures infligées lors de la période coloniale et pour les « actes de violence et de cruauté [qui] ont été commis » au Congo durant l'occupation belge. Des excuses officielles n'étaient pas une option, car elles auraient nécessité un consensus politique. C'est la raison pour laquelle la lettre a été rédigée à titre personnel par le Roi, même si elle avait reçu le soutien politique du Premier ministre.

Bien qu'il s'agisse clairement d'un pas dans la bonne direction, certains responsables congolais ont déclaré qu'une demande officielle de pardon doit encore avoir lieu et, par-dessus tout, une certaine « réparation du tort » ou forme de restitution. [11]

---

11 Voir politico.eu/article/belgian-royals-remain-cautious-about-colonial-apology; africanews.com/2020/07/01/congolese-want-more-than-apology-for-belgium-s-colonial-impunity et politico.eu/article/democratic-republic-congo-belgium-king-tries-to-move-past-the-past-colonialism/.

7. Un endroit de rassemblement pour les rois

Par moi les rois règnent, et les princes ordonnent ce qui est juste.

Proverbes 8:15 COL

Au cours des âges, ce qui deviendrait un jour la Belgique et « une zone tampon pour l'Europe » a toujours été un territoire où différentes nations et différents rois se sont réunis et se sont affrontés.

Si nous regardons le mot lui-même, *« Belgique »*, il est mentionné pour la première fois dans l'antiquité, lorsque Jules César écrivit dans son livre, *De Bello Gallico*, que : « De tous les peuples de la Gaule, les plus courageux sont les Belges » [1]. La raison de cela (moins souvent citée), c'est qu'ils sont de « rudes barbares », pas très raffinés. [2]

Les Belgae étaient les habitants de la partie la plus septentrionale de la Gaule, qui était significativement plus grande que la Belgique actuelle. « Gallia Belgica », comme on la nommait alors, devint une province romaine suite aux conquêtes de César. Les zones plus proches de la frontière rhénane,

---

1 « Horum omnium fortissimi sunt Belgae », en latin.
2 Pour l'étymologie du nom Belgique/ Belges, voir fr.wikipedia.org/wiki/Belges. Un lien hypothétique avec Belenos/Bel y est fait. Voir aussi, dans le centre historique de Bruxelles, « La Maison de la Bellone », Bellone étant la déesse romaine de la guerre : fr.wikipedia.org/wiki/La_Bellone.

y compris la partie orientale de la Belgique moderne, sont finalement devenues une partie de la province de « Germania Inferior », qui a interagi avec des tribus germaniques en dehors de l'empire.

Cela montre comment les mondes germaniques et romains, avec leurs cultures et leurs langues différentes, cohabitaient déjà sur ce même territoire, bien des siècles avant que la Belgique, telle que nous la connaissons, ne naisse.

Au Moyen Age, en l'an 843, le traité de Verdun divisa l'empire carolingien en trois royaumes ; la plus grande partie de la Belgique moderne se situait dans le Royaume médian, connu plus tard sous le nom de Royaume de la Lotharingie (de son roi Lothaire). « Louis le Germanique » était le frère de Lothaire. Il occupait le territoire voisin, où, comme le nom de Louis l'indique, la langue parlée était l'allemand. Nous voyons à nouveau comment « différentes tribus et langues » cohabitaient sur la carte.

Mais le chapitre le plus intéressant pour notre région allait avoir lieu quelques siècles plus tard avec les fameux « Bourguignons ». En ce temps-là, aux 14ème et 15ème siècles, les Habsbourg d'Autriche régnaient sur un territoire unifié appelé « Pays-Bas bourguignons » ou « Duché de Bourgogne ». A son apogée, grosso modo entre 1350 et 1450, le Duché comprenait des parties importantes de la France et la majeure partie de la Belgique et des Pays-Bas actuels.

Cette période relativement courte des « Bourguignons », couvrant moins d'un siècle, se situe à une époque charnière entre le Moyen Age et la Renaissance. C'étaient des temps de paix heureux et relativement paisibles pour cette période, qui ont vu des avancées prodigieuses dans les domaines des arts et de l'économie. [3] Fait inhabituel pour l'époque, ce sont des mariages judicieux, plutôt que des guerres, qui ont rendu les Bourguignons forts.

Dans son livre de 2019, *De Bourgondiërs* (Les Bourguignons, littéralement), qui raconte leur histoire dans le contexte de la guerre de Cent Ans et des alliances en constante évolution avec la France et l'Angleterre, l'écrivain flamand Bart Van Loo [4] raconte l'histoire de l'élite bourguignonne, et de sa remarquable cour et culture. Le titre de la traduction française, *Les Téméraires : Quand la Bourgogne défiait l'Europe*, est un bon choix, car au 15*ème* siècle, le « duché de Bourgogne » désignait un très vaste territoire (bien plus vaste que la Bourgogne actuelle) qui est presque devenu à l'époque un nouveau royaume entre la France et l'Allemagne.

La période des « Bourguignons » fut une sorte d'âge d'or, durant lequel les arts ainsi que la spiritualité furent florissants. Beaucoup d'artistes « belges » importants ont émergé, grâce au patronage des ducs, en particulier celui de Philippe le Bon, qui résidait habituellement à Bruxelles. [5] C'est durant cette période que le mouvement appelé « les Mystiques flamands » a émergé, pour exercer ensuite une large influence dans toute l'Europe.

---

3   Pour plus d'informations sur cette période voir focusonbelgium.be/fr/le%20saviez-vous/la-belgique-la-sauce-bourguignonne.

4   Bart Van Loo, *De Bourgondiërs. Aartsvaders van de Lage Landen* (2019). Originalement écrit et publié en flamand/ néerlandais. Traduit en français en 2020 sous le titre : *Les Téméraires. Quand la Bourgogne défiait l'Europe*, Bart Van Loo. Phénomène de publication en Europe, il a été vendu à près de 230 000 exemplaires, sous forme de livre relié.

5   Il a aussi fondé l'Université de Louvain (en 1425) et créé le fameux *Ordre de la Toison d'or*.

Jan van Ruysbroeck [6] (1293 – 1381) était un clerc augustinien et le plus important des mystiques flamands. Parmi ses ouvrages les plus importants on trouve *Le Livre du Royaume des Amants de Dieu*, *Le livre des douze béguines*, *L'ornement des noces spirituelles*, *Le miroir du salut éternel* et *L'Anneau ou la pierre brillante*.

Il a écrit en moyen néerlandais, le langage du peuple, plutôt qu'en latin, la langue de la liturgie de l'église catholique et des textes officiels, afin d'atteindre une audience plus large. Il servit comme prêtre et chapelain de Sainte-Gudule, à Bruxelles, et vécut une vie d'extrême austérité. Plus tard, le désir d'un style de vie plus reclus conduisit Ruysbroeck à quitter Bruxelles et à fonder le prieuré de Groenendael, dans la forêt de Soignes. Les traces du monastère sont toujours présentes dans la forêt de Soignes.

A cause de son influence, beaucoup de disciples rejoignirent l'ermitage, nécessitant sa transformation en une communauté, qui deviendra finalement la maison mère d'une congrégation. Ruysbroeck en devint le prieur. Durant ce temps, sa renommée d'homme de Dieu, de contemplatif sublime et d'habile directeur des âmes se répandit au-delà des frontières de la Flandre et du Brabant, jusqu'en Hollande, en Allemagne et en France.

Cependant, Ruysbroeck n'est pas le seul saint homme à avoir laissé une empreinte spirituelle sur le sol belge. Avant lui, l'évêque Géry, dont le nom est une forme raccourcie de Gaugericus, semble selon la légende avoir joué un rôle dans la naissance de Bruxelles, en tant que ville. Né de parents de souche gallo-romaine, Géry s'est vu confier la charge pastorale de la ville de Cambrai-Arras – d'où son nom

---

6   Son nom flamand est Jan van Ruusbroec.

de Géry de Cambrai. Plus tard, il fonda des églises et des abbayes à différents endroits. Aux environs de l'an 580, on dit de Gaugericus qu'il a construit une chapelle sur l'île la plus grande de la Senne, près de Bruxelles. L'île de Saint-Géry [7] lui doit son nom. Cet homme était connu pour sa joie irradiante (d'où son nom, selon certain, de Gaugericus, étant donné que gaudium en latin signifie « joie »).

L'évêque Géry se consacra à la lutte contre le paganisme (il détruisit les statues des idoles), à la guérison des malades (principalement des lépreux et de personnes souffrant de maladies de peau) et à la délivrance des captifs, tant dans le naturel (en libérant des esclaves) que dans le spirituel (délivrant les gens oppressés par les démons). [8]

Une légende rapporte la manière dont il est supposé avoir tué un dragon à Bruxelles. [9]

Spirituellement parlant, ce n'est pas rien et nous y reviendrons dans la troisième partie de ce livre.

---

[7] Quartier Saint-Géry, situé dans le centre de Bruxelles, coloré et plein de restaurants et de terrasses où, en temps normal, des centaines de personnes aiment se rassembler.

[8] Il se rendit en pèlerinage à Tours pour visiter la tombe de Saint Martin et participa au concile de Paris en 614.

[9] Selon la légende, Géry éleva une chapelle (à Saint Michel, plus tard cathédrale Saints-Michel-et-Gudule), qui devint bientôt une église et donna naissance à la ville de Bruxelles, dont il aurait chassé un dragon dont l'antre était situé là où fut construite par la suite *l'Impasse du Dragon* (Draeckenganck), rebaptisée plus tard *Impasse de la Poupée* (Poppegang). Pour plus d'informations, voir : Victor Devogel, *Légendes bruxelloises,* illustrations de C.-J. Van Landuyt, Bruxelles, p. 29 à 36. Voir p. 34 : « Un dragon dévastait Bruxelles, ses campagnes, ses bois et ses marais. D'aucuns affirment même que l'allée du Dragon, qui existait autrefois dans notre cité, tirait son nom du séjour qu'y fit cet animal fabuleux. »

Nous pouvons conclure, ici, à la fin de ce chapitre, qu'au cours de l'histoire, différentes nations, rois et dirigeants, tant des dirigeants spirituels que politiques, ont eu l'habitude de se rassembler sur la terre, de ce qui deviendrait plus tard la Belgique. Bruxelles était souvent le siège de leur gouvernement. Bien que des empires vinrent puis s'en allèrent, la capitale ou la ville administrative est souvent restée la même.

Selon les siècles et les pouvoirs dirigeants, ces rassemblements de dirigeants et de rois sur notre sol se sont révélés être pour le meilleur ou pour le pire.

Les temps relativement heureux et paisibles des Bourguignons se sont achevés par l'accession au pouvoir de Charles Quint (Carolus Quintus). L'empereur Charles V, né en Belgique (à Gand) en 1500, était l'héritier des ducs de Bourgogne, mais aussi celui des familles royales d'Autriche, de Castille et d'Aragon. Sa présence et son règne sur notre territoire, ainsi que celui de son fils Philippe II d'Espagne, furent les plus sombres de notre histoire.

8. Défier un empire et embrasser la Réforme

Alors Jésus lui dit : Remets ton épée à sa place ; car tous ceux qui prendront l'épée périront par l'épée.

Matthieu 26:52 COL

Tu ne prendras pas le nom du Seigneur ton Dieu en vain [c'est-à-dire, irrévérencieusement, dans de fausses affirmations ou d'une manière qui conteste le caractère de Dieu] ; car le Seigneur ne tiendra pas innocent et ne laissera pas impuni celui qui prend son nom en vain [au mépris de sa révérence et de sa puissance].

Exode 20:7 AMP (Traduit)

Parmi toutes les guerres qui peuvent arriver et qui se sont produites, les guerres de religion sont parmi les plus horribles. Elles se produisent au nom de Dieu : « Gott mit uns » – Dieu avec nous – comme l'Allemagne nazie le prétendra des siècles plus tard. Eh bien, quand les deux camps prétendent que Dieu est à leur côté... cela donne de « Dieu » l'image d'un être très schizophrène. Cela déshonore Son Nom et ceux qui le font pourraient très bien se retrouver sous la condamnation d'avoir utilisé le Nom de Dieu en vain.

Les guerres de religion prirent une couleur et une odeur particulièrement répugnantes sur le « sol belge » : rouge comme le sang des martyrs décapités et écœurante comme la chaire brûlée.

La Réforme protestante avait commencé en 1517 par les écrits de Luther en Allemagne ; ces écrits et ces idées trouvèrent une bonne terre et prirent racine en « Belgique ». Cela ne plut pas du tout à l'Empereur Charles V ni à son fils Philippe II d'Espagne, qui exerçaient leur autorité sur ce territoire et qui, en tant que monarques catholiques, étaient très favorables à une contre-réforme.

Saviez-vous que les premiers martyrs protestants ont été brûlés vifs à Bruxelles, le 1 juillet 1523 ?[1] Amenés à Bruxelles, jetés en prison, interrogés par divers inquisiteurs et menacés d'exécution, Hendrik Voes et Johann van Esschen, frères du monastère augustinien d'Anvers qui avaient embrassé la doctrine de Luther, refusèrent de se rétracter. Leurs inquisiteurs préparèrent un document détaillant soixante-deux articles de foi hétérodoxe qui constituait une preuve suffisante pour les condamner comme hérétiques. Sur la Grand-Place de Bruxelles, refusant les offres de rétractation de dernière minute, Voes et van Esschen furent attachés à des poteaux. Les torches enflammèrent le bois. Selon les rapports, les deux jeunes hommes ont chanté *Te Deum Laudamus* avant de succomber à la fumée et aux flammes…

---

[1] Voir focusonbelgium.be/fr/le%20saviez-vous/saviez-vous-que-les-premiers-martyrs-protestants-ont-ete-brules-vifs-bruxelles et "The First Martyrs of Reformation" (Les premiers martyres de la réforme) sur lutheranforum.com/blog/the-first-martyrs-of-the-reformation. Grâce à la technologie alors relativement nouvelle de l'imprimerie, des brochures détaillant la mort des deux frères anversois ont été imprimées en quelques jours et distribuées. Dans l'une des brochures, l'auteur anonyme sympathise clairement avec les victimes, dépeignant les autorités comme des méchants et leurs exécutions comme une erreur judiciaire grossière. Le tract est devenu une sorte de best-seller: les éditions ont été reproduites par divers imprimeurs, dont l'un aussi éloigné qu'Augsbourg.

A la suite de cela, des protestants furent persécutés par milliers, par ce qui fut appelé « la sainte Inquisition espagnole », parce qu'ils refusaient d'abjurer leur nouvelle foi réformée. Des années plus tard, en 1568, sur cette même Grand Place, les comtes d'Egmont et de Horne, qui dirigeaient l'opposition politique au Roi d'Espagne et à la violence de la répression contre les protestants, furent décapités. Dix-neuf autres nobles furent décapités sur la place du Grand Sablon à Bruxelles.

Boucherie. Bain de sang. De nouveau.
Cette fois, au nom de Dieu.

Des feux brûlaient sur le sol belge et ils n'étaient pas de la bonne sorte. Ou, présentons-le d'une autre manière : le roi Philippe d'Espagne, fils de Charles V, Empereur catholique d'un « empire sur lequel le soleil ne se couche jamais » avait décidé de combattre le feu par le feu : tandis que le feu de la Réforme brulait brillamment en Flandres, à Bruxelles et en Wallonie, le sinistre duc d'Albe, de l'ordre des dominicains, fut envoyé pour allumer d'autres feux, afin de stopper ce que l'Espagne percevait comme une hérésie et une menace politique à son pouvoir. Plus de 10 000 condamnations furent prononcées par le redoutable « Conseil des Troubles ». Cette répression ne parvint pourtant pas à étouffer la Réforme : en 1566, on estime à 300 000, soit 20% de la population, le nombre de protestants « belges ». [2]

---

[2] Voir museeprotestant.org/notice/le-protestantisme-en-belgique/. Un autre fait qui illustre le nombre de « Belges » qui étaient protestants entre 1578 et 1585, est que les villes les plus importantes avaient un conseil municipal calviniste : Bruxelles, Anvers, Bruges, Gand, Charleroi...

Mais la persécution était sévère. Après la mort de Philippe II, les Archiducs Albert et Isabelle (1598-1633) soutinrent les Jésuites et continuèrent l'œuvre d'élimination des protestants. Ceux qui étaient en feu pour leur foi nouvellement découverte, fuirent vers le nord. Ceux qui restèrent se convertirent au catholicisme ou apprirent à mettre leur lumière sous un boisseau. Assez efficace car, aujourd'hui, les Belges sont encore connus pour leur sens du compromis – ne brûlant pas trop fort, modérés, tièdes. Pas un milieu radical. Juste un milieu... [3] (moitié-moitié, comme on dit « en belge »).

Cependant, le feu de la Réforme a brûlé avec éclat dans nos régions. Des penseurs éclairés comme Tyndale, Érasme, Plantin et Moretus, étaient présents autour de la même période sur le « sol belge ». [4] Quatre intellectuels qui eurent une influence profonde et un grand impact sur toute l'Europe.

William Tyndale [5] fut une figure-clé dans la préparation de la première traduction anglaise de la Bible qui allait être imprimée. Son achèvement contribua à unir le peuple anglais. Tyndale travailla à Anvers entre 1526 et 1538, car il avait dû fuir Cologne. Il fut capturé par les troupes de Charles V, condamné comme hérétique, étranglé et brûlé sur le bûcher. Dans une lettre écrite depuis sa prison de Vilvorde [6], il

---

3   Tandis que la « Sainte Inquisition espagnole » combattait le feu de la Réforme par le feu des bûchers, au sens littéral, beaucoup de ceux qui embrassèrent la foi réformée durent battre en retraite. Cela laissa le pays avec une atmosphère particulière. Quand des feux éteignent des feux, vous finissez...tiède ?

4   Nous pouvons citer aussi Guillaume d'Orange, Marnix de Saint-Aldegonde, Petrus Dathenus.

5   Voir museumplantinmoretus.be/fr/page/tyndale%E2%80%99s-testament.

6   Il y a une statue de Tyndale sur la Grand-Place de Vilvorde, juste en face d'un restaurant appelé *« Le roi d'Espagne »*, ce qui en dit long. La ville se souvient encore – et les protagonistes sont là se faisant face.

réclamait des vêtements chauds mais surtout sa bible en hébreu. Ses derniers mots furent « Seigneur, daigne ouvrir les yeux du roi d'Angleterre » et une année plus tard, ce roi autorisa une traduction de la Bible en anglais. Vilvorde, à proximité de Bruxelles, était un centre de répression religieuse féroce contre la foi protestante. [7]

Aux alentours de cette même période, Érasme vivait à Bruxelles et travaillait à une nouvelle édition du Nouveau Testament. Aujourd'hui, on peut encore visiter la « Maison d'Érasme », à Anderlecht, commune de Bruxelles. Son œuvre majeure fut une traduction du Nouveau Testament, du grec vers le latin, qui remplaça la Vulgate de saint Jérôme, vieille de mille ans. Bien que son œuvre fût écrite uniquement en latin et en grec, elle fut traduite de son vivant dans les différentes langues vernaculaires (anglais, allemand, français, italien, hongrois, espagnol, etc.). [8]

Le dernier, mais non des moindres (car que serait un livre sans un imprimeur ?), Christophe Plantin était présent à Anvers durant la même période. Il devint le plus important imprimeur – éditeur de son temps. En 1555, il publia son premier livre. Peu après, des écrivains et des scientifiques trouvèrent en nombre leur chemin vers son atelier d'imprimerie.

---

[7] Voir williamtyndalemuseum.be. Tyndale fut brûlé en 1536; ses derniers mots furent « Seigneur, daigne ouvrir les yeux du roi d'Angleterre » et une année plus tard, ce roi autorisa la traduction de la Bible en anglais !

[8] Voir erasmushouse.museum. Érasme était une sorte de figure « double » : d'une part il étudiait la Bible très profondément, d'autre part il choisissait explicitement d'être contre Luther et était déjà un peu « libéral » dans sa foi. Pour lui, le christianisme était plus une question de commandements moraux que de révélation de la personne de Jésus.

La qualité de son imprimerie était inégalée. En moins de 20 ans, la maison d'édition de Plantin devint la principale en Europe. Sa plus grande entreprise, la Biblia regia, qui établirait le texte original de l'Ancien et du Nouveau Testament en huit volumes, a été soutenue, curieusement, par Philippe II d'Espagne, malgré l'opposition cléricale. Lorsqu'Anvers fut pillée par les Espagnols en 1576, Plantin établit une succursale à Paris puis, en 1583, s'installa à Leyde, en tant que typographe de la nouvelle université des États de Hollande, laissant son entreprise très réduite à Anvers entre les mains de son gendre, John Moretus.

En ce qui concerne l'effusion de sang, la Belgique n'en avait pas fini avec elle, après les guerres de religion du 16ème siècle impliquant l'Inquisition espagnole et catholique.

D'autres épisodes sanglants étaient en route, avec d'autres « empires ».

Après la bataille de Waterloo et « la naissance d'une nation », deux guerres mondiales allaient se dérouler sur le sol de la petite « zone tampon ».

Cette fois, elles seraient menées non contre l'empire britannique ou espagnol, mais contre l'empire allemand.

9. Résister jusqu'à la mort : 1ᵉʳᵉ Guerre mondiale — Ypres

La voix du sang de ton frère crie du sol jusqu'à moi.

Genèse 4:10 COL

On dit que la plus grande partie des batailles européennes ont eu lieu sur le territoire belge. Ne fût-ce qu'au vingtième siècle, pendant les deux Guerres mondiales, la Belgique a joué un rôle important et payé un prix énorme.

La Première Guerre mondiale est connue aussi comme *« la Grande Guerre »* : « grande » par sa longueur, son étendue et le fait que c'était une guerre globale… ainsi qu'une véritable « boucherie », comme l'ont relaté beaucoup de soldats présents sur le front. Elle fut l'un des conflits les plus meurtriers de l'histoire.

Le 22 avril 1915, les attaques allemandes eurent recours à une arme jamais utilisée auparavant. Cette bataille eut lieu à Ypres, une petite ville des Flandres, dans la partie septentrionale de la Belgique, et elle a marqué la première utilisation à large échelle, par les Allemands, d'un gaz toxique létal comme arme : le « gaz jaune » ou « gaz moutarde ».

Vous vous demandez peut-être, pourquoi Ypres ? La défense d'Ypres était essentielle aux Anglais qui contrôlaient ce secteur du Front Ouest. La ville était un jalon stratégique important, bloquant la route de l'armée impériale allemande vers les ports de la côte française.

Un officier britannique regardait tandis qu'un nuage de gaz approchait sa position. Voilà ce qu'il a écrit :

> *« Juste à l'aube, ils ont ouvert un feu très nourri, en particulier à la mitrailleuse, et l'idée était apparemment de nous forcer à nous baisser. Et puis la prochaine chose que nous avons entendue était ce grésillement – vous savez, je veux dire que vous pouviez entendre ce fichu truc venir – et puis nous avons vu cet horrible nuage arriver. Un grand nuage jaune, jaune verdâtre. Ce n'était pas très élevé... Personne ne savait quoi penser. Mais dès qu'il est arrivé sur nous, nous savions quoi penser, je veux dire que nous savions ce que c'était. Et alors, bien sûr, on a commencé immédiatement à suffoquer, puis le mot a circulé: quoi que vous fassiez, ne vous baissez pas. Vous voyez, si vous étiez au fond de la tranchée, vous étiez complètement atteint, parce que c'était quelque chose de lourd, qui tombait. »* [1]

Quels sont les effets du gaz moutarde ? Il s'attaque aux muqueuses des yeux, du nez et des voies respiratoires. Il peut produire chez les victimes une irritation des yeux, un aveuglement temporaire, un écoulement nasal, de la toux, un souffle court et une douleur des sinus. Le système digestif est aussi atteint, ce qui entraîne des douleurs abdominales, des diarrhées, de la fièvre et des vomissements. Une boucherie, selon les lettres écrites par les soldats sur le front.

---

1   wm.org.uk/history/voices-of-the-first-world-war-gas-attack-at-ypres.

C'était non seulement une boucherie à cause du gaz toxique, mais aussi parce qu'on se trouvait dans une guerre de tranchées.

Les tranchées étaient comme de profondes blessures dans le sol. Les soldats se trouvaient littéralement « dans les entrailles de la terre » - dans des trous creusés profondément. Alors quand ils mouraient, leur sang pénétrait dans les profondeurs du sol. Certains étaient même enterrés vivants.

Les conditions de vie dans les tranchées étaient abominables. Toutes sortes de vermines y vivaient, des rats, des poux, des grenouilles,... Ils provoquaient de terribles démangeaisons chez les soldats et induisaient une maladie appelée « fièvre des tranchées ». Le temps contribuait aussi à ces conditions difficiles.

Que dire du choc et du traumatisme de ceux qui sont revenus vivants après une telle guerre ; que dire du sang qui crie et de la terre qui gémit ? Tout cela parle d'une blessure qui dure et persiste, tant dans le domaine naturel que spirituel.

De 1914 à 1918, dans la terre des Flandres, un million de soldats de plus de cinquante pays différents ont été blessés, tués ou sont disparus dans le feu de l'action. [2] Ypres et Passchendaele sont devenus des symboles universels de l'absurdité de la guerre. La région paisible témoigne toujours de son histoire par des monuments, des musées, des cimetières et d'innombrables histoires individuelles, qui la relient au monde.

Même aujourd'hui, plus d'un siècle après, Ypres n'a pas oublié. La Porte de Menin, un mémorial en forme d'arche au centre

---

2 « Dodengang », « Boyau de la mort », « Trench of Death » — vous les voyez dépeints dans Wonder Woman, film de 2017. Voir flandersfields.be pour plus de détails sur les tranchées.

d'Ypres, mentionne sur ses murs les noms de 54 000 hommes manquants. La Porte a été construite au-dessus de la route sortant d'Ypres, que les soldats empruntaient pour se rendre à la bataille. Elle fut achevée en tant que monument en 1927. Depuis 1926, des pompiers volontaires belges interprètent le « Last Post » (le dernier appel) à la porte, chaque soir à 20h en souvenir des morts.

Les civils, aussi, ont payé un prix élevé à cette guerre. Le « viol de la Belgique » [3] est le terme utilisé pour décrire les mauvais traitements infligés à des civils belges par les troupes allemandes durant l'invasion et l'occupation de la Belgique, pendant la Première Guerre Mondiale. La neutralité de la Belgique avait été garantie par le traité de Londres (1839). Cependant, le plan allemand Schlieffen prévoyait que les forces armées allemandes traversent la Belgique (violant par conséquent sa neutralité) pour contrer le débordement des armées françaises. Au début de la guerre, l'armée allemande a commis de nombreuses atrocités contre la population civile de la Belgique et détruit des biens civils. [4]

Le « viol de la Belgique » est un important traumatisme collectif qui a besoin de guérison. Aujourd'hui, de plus en

---

[3] Voir Larry Zuckerman, *The Rape of Belgium: The Untold Story of World War I* (Le viol de la Belgique, L'histoire méconnue de la Première Guerre mondiale), New York University Press 2004.

[4] Les Allemands furent responsables de la mort de 23 700 civils belges et ont causé une invalidité temporaire ou permanente à plusieurs milliers d'autres. 18 296 enfants devinrent orphelins de guerre. 3 000 civils belges moururent à cause des grillages électriques que l'armée allemande installa pour empêcher les civils de fuir le pays et 120 000 furent contraints aux travaux forcés, dont la moitié furent déportés en Allemagne. 25 000 maisons et autres bâtiments furent détruits rien qu'en 1914. Un million et demi de Belges (20% de la population totale) a fui l'armée d'invasion allemande.

plus de psychologues commencent à réaliser l'importance des traumatismes collectifs et à écrire sur la manière d'en guérir. Un livre récent appelé *"Healing Collective Trauma: A Process for Integrating Our Intergenerational and Cultural Wounds"* [5] (Guérir les traumatismes collectifs : Un processus pour intégrer nos blessures intergénérationnelles et culturelles), explore les symptômes, les habitudes, les accords sociaux inconscients et les ombres culturelles qui mènent à une souffrance collective non guérie.

On peut également noter que Ypres était un des sites qui a accueilli une trêve de Noël officieuse en 1914, entre les soldats allemands et britanniques. De plus, durant la Deuxième Guerre mondiale, au canal d'Ypres-Comines, le Corps expéditionnaire britannique (BEF) a combattu les Allemands, dans une action dilatoire, qui aida la retraite des alliés vers Dunkerque.

De petites villes dans de petits pays peuvent jouer un rôle décisif à des moments stratégiques. Les rois de petits pays peuvent aussi se distinguer grandement dans des temps comme ceux-ci. C'est le cas d'Albert I, qui était Roi des Belges à ce moment de l'histoire.

---

[5] *Healing Collective Trauma: A Process for Integrating Our Intergenerational and Cultural Wounds* by Thomas Hübl, publié par Sounds True Inc, Janvier 2021.

10. *Brave petite Belgique* et le Livre du Roi Albert

(Qu'on célèbre) la puissance du roi qui aime le droit ! – C'est toi qui affermis la droiture, C'est toi qui exerces en Jacob le droit et la justice. –

Psaumes 99 :4 COL

Au début de la Première Guerre mondiale, le Roi Albert refusa d'accéder à la requête de l'Allemagne d'accorder à ses troupes un passage sûr à travers la Belgique pour attaquer la France. La Grande-Bretagne, en tant qu'un des garants de la neutralité belge selon le Traité de 1839, entra alors en guerre, suite à l'invasion allemande de la Belgique.

Comme le requérait la constitution belge, le Roi Albert prit personnellement le commandement de l'armée belge et retint les Allemands suffisamment longtemps pour que la Grande-Bretagne et la France se préparent à la Bataille de la Marne (6 – 9 septembre 1914). Pendant quatre ans, Albert tint bon dans la petite région inoccupée située derrière la rivière Yser, près de Ypres, dans les Champs de Flandre. Durant cette période, le Roi Albert combattit au côté de ses troupes et partagea les dangers qu'elles encouraient, tandis que sa femme, la Reine Elisabeth travaillait comme infirmière sur le front.

Durant la guerre, déjà, le Roi Albert 1er était connu comme le Roi-chevalier de la « brave petite Belgique » ; il allait aussi se forger une renommée militaire éternelle pour lui-même et pour son armée [1]. On le voit dans *le Livre du Roi Albert (King Albert's Book)*, une publication très particulière.

Son titre complet est *King Albert's Book: A Tribute to the Belgian King and People from Representative Men and Women Throughout the World* (Le Livre du Roi Albert : Un hommage au Roi des Belges et au peuple belge par des hommes et des femmes représentatifs du monde entier). C'était un livre-cadeau, produit pour la vente à Noël 1914, publié par le *Daily Telegraph* comme un recueil d'hommage en l'honneur du courage de la Belgique durant la Grande Guerre. Il réunit des princes, des hommes d'État, des écrivains, des responsables religieux, des VIP et beaucoup d'autres dignitaires. Les recettes furent reversées au *Fonds Belge du Daily Telegraph*.

Comment la « petite Belgique » s'est-elle montrée brave ? Par le sacrifice de soi, en inondant son propre territoire pour ralentir l'ennemi dans sa marche à travers le pays. L'avance des Allemands fut stoppée par l'inondation de la plaine de l'Yser, suite à l'ouverture délibérée des écluses par l'armée belge.

Le courage de la Belgique et de son Roi durant la Première Guerre mondiale fut célébré par de nombreux dirigeants et publié dans le *King Albert's Book* (Le Livre du Roi Albert).

Lisons quelques mots choisis par le Très Honorable David Lloyd George pour rendre honneur à la Belgique. Ils ne sont pas très connus, mais méritent d'être soulignés :

---

1   encyclopedia.1914-1918-online.net/article/albert_i_king_of_the_belgians.

> « *Les petites nations ont eu le privilège, à différentes périodes de l'histoire du monde, de rendre un service à la civilisation. Ce devoir, la Belgique a été appelée à l'accomplir maintenant, envers la civilisation européenne, et elle a noblement répondu à l'appel.*
>
> *C'est son héroïsme qui a forcé le Junkerdom prussien à dévoiler au grand jour, son caractère et ses desseins. Tant qu'il intrigua contre la France, la Russie ou la Grande-Bretagne, il pouvait continuer à avancer sous couvert d'un prétexte diplomatique plausible ; mais pour assaillir la Belgique, il fallait qu'il apparaisse au grand jour, où son arrogance, sa brutalité et son agressivité sont devenues manifestes pour tous. C'est la vaillance belge qui a révélé le caractère sinistre du militarisme prussien, et lorsque cette menace sera finalement renversée, la part la plus honorable du triomphe sera due au sacrifice belge.*
>
> *Ce malheureux pays est maintenant submergé par le déluge barbare; mais quand le déluge sanguinaire cessera, la Belgique émergera comme une terre grande et glorieuse que tout homme épris de liberté honorera, et que tout tyran fuira désormais.* »

Parmi les autres contributeurs qui ont rendu hommage à la Belgique figuraient l'archevêque de Canterbury, l'Aga Khan et Winston Churchill, Premier Lord de l'Amirauté. Le romancier Thomas Hardy a lui composé un : *Sonnet on the Belgian Expatriation* (Sonnet sur l'expatriation belge). Parmi les partitions musicales, mentionnons celle d'Edward Elgar intitulée *Chantons, Belges, Chantons!* [2]

Les mots utilisés par les artistes pour décrire le paysage et l'atmosphère en Belgique pendant et après la Première Guerre mondiale valent la peine d'être lus. Mieux que des

---

2 vrt.be/vrtnws/en/2014/12/16/daily_telegraph_ britainpaystributeto pluckybelgium-1-2183507.

milliers de livres d'histoire, les mots écrits par les poètes vous aident à ressentir ce qui s'est passé, plutôt que de le savoir mentalement, par ouï-dire.

Dans les *Poèmes choisis* d'Edith Wharton, lisons celui intitulé *Belgium Regrets Nothing*, ou, en français, *La Belgique ne regrette rien* [3] :

> *Belgium regrets nothing*
> *Not with her ruined silver spires,*
> *Not with her cities shamed and rent,*
> *Perish the imperishable fires*
> *That shape the homestead from the tent.*
>
> *Wherever men are staunch and free,*
> *There shall she keep her fearless state,*
> *And homeless, to great nations be*
> *The home of all that makes them great.*

Si nous tentons une traduction en français, cela dirait à peu près ceci :

> *La Belgique ne regrette rien*
> *Ni avec ses flèches d'argent ruinées,*
> *Ni avec ses villes couvertes de honte et dépossédées,*
> *Périssent les feux impérissables*
> *Qui distinguent la propriété de la tente.*
>
> *Partout où les hommes sont résolus et libres,*
> *Elle gardera son statut intrépide,*
> *Et sans-abri, aux grandes nations sera*
> *La maison de tout ce qui les rend grandes.*

Lisons aussi un extrait de Laurence Binyon, *Ypres* :

---

3   L'épigraphe de la contribution de Wharton, « La Belgique ne regrette rien », est une citation du Premier ministre belge, Charles Baron de Broqueville.

She was a city of patience; of proud name...
But on a sudden fierce destruction came...
Tigerishly pouncing: thunderbolt and flame...
She rose, dead, into never-dying fame...

C'était une ville de patience ; au nom fier...
Mais soudain, une destruction féroce est survenue...
Bondissant comme un tigre : foudre et flamme...
Elle est ressuscitée, morte, dans une gloire éternelle...

Il y a aussi trois poèmes écrits par l'auteur belge francophone Emile Cammaerts, qui ont été mis en musique par Edward Elgar: *Carillon* (1914), *Une voix dans le désert* (1915) et *Le drapeau belge* (1917).

Dans *Carillon*, le texte est hautement patriotique. Son titre se réfère aux clochers belges. Dans *Une voix dans le désert*, il n'y a plus ni ferveur patriotique ou sentimentale, mais plutôt une évocation de la terrible et sombre réalité des Champs de Flandre. Un désert, en effet – créé par la main de l'homme. *Le drapeau belge* est lui une méditation sur les couleurs du drapeau belge.

Restituons certains mots de ces textes. Comme nous le savons, les mots ont du pouvoir. Ils peuvent encore résonner ou faire écho, des siècles plus tard. Jusqu'à ce que d'autres mots soient prononcés, pour libérer la vie.

Carillon, « Chantons, Belges, chantons ! »

Chantons, Belges, chantons !
Même si les blessures saignent,
Même si la voix se brise,
Plus haut que la tourmente, plus fort que les canons,
Chantons l'orgueil de nos défaites,

> *Par ce beau soleil d'automne,*
> *Et la joie de rester honnêtes*
> *Quand la lâcheté nous serait si bonne.*

Texte d'ouverture d'*Une voix dans le désert* :

> *C'était sur le front,*
> *A cent pas des tranchées,*
> *Une petite maison*
> *Morne et désolée.*
> *Pas un homme, pas une poule, pas un chien, pas un chat,*
> *Rien qu'un vol de corbeaux le long du chemin de fer,*
> *Le bruit de nos bottes sur le pavé gras,*
> *Et la ligne des feux clignotant sur l'Yser.*

Et maintenant, le dernier texte, dernier et non des moindres, *Le drapeau belge* mis en musique par Elgar. Il a été joué pour la première fois lors du concert d'anniversaire du Roi Albert Ier au Queen's Hall de Londres, le 14 avril 1917. Les paroles originales étaient en français et une traduction anglaise a été fournie par Lord Curzon of Kedleston.

Le drapeau belge

> 1. *Rouge pour le sang des soldats,*
>   *- Noir, jaune et rouge -*
>   *Noir pour les larmes des mères,*
>   *- Noir, jaune et rouge -*
>   *Et jaune pour la lumière*
>   *Et l'ardeur des prochains combats.*
>   ....
>
> 2. *Rouge pour la pourpre héroïque,*
>   *- Noir, jaune et rouge -*

Noir pour le voile des veuves,
- Noir, jaune et rouge -
Jaune pour l'orgueil épique,
Et le triomphe après l'épreuve.
…

3. Rouge pour la rage des flammes,
- Noir, jaune et rouge -
Noir pour la cendre des deuils,
- Noir, jaune et rouge -
Et jaune pour le salut de l'âme
Et l'or fauve de notre orgueil.
Au drapeau, mes enfants,
La patrie vous bénit.
Il n'a jamais été si grand
Que depuis qu'il est petit,
Que depuis qu'il brave la mort! [4]

Ce texte « me prend aux tripes », comme on dit en français. En tant qu'intercesseur, mon cœur de compassion et mes entrailles sont bouleversés. De plus, les couleurs du drapeau belge ont été « vues » dans leur dimension spirituelle à différents moments de prière pour la Belgique. Les paroles reçues étaient les suivantes : quand le rouge de la croix aura recouvert le noir de la mort, le jaune de la gloire et de la grâce couvrira le pays.

De la voix des cloches qui sonnaient courageusement, à un territoire transformé en désert, d'où la voix sort encore, mais n'est plus entendue, jusqu'à un drapeau et un honneur

---

4 Pour l'ensemble du poème, à la fois dans sa langue originale, le français, et dans sa traduction anglaise, voir wikiwand.com/fr/Le_drapeau_belge.

national baignés de sang, ces textes nous aident à comprendre et à ressentir ce qui s'est passé en Belgique.

Ils nous aident aussi à prier pour plus de guérison et de restauration, restauration de la santé et de l'appel. Le courage et l'abnégation de la nation ont été manifestés, vus et célébrés par de nombreuses personnes dans le monde entier. Pourtant, le nombre de morts et l'effet durable sur la population et le territoire ont été énormes. Ou, dit en d'autres termes : l'expression de l'appel et les représailles directes à son encontre sont allées de pair. [5]

---

5   Nous reviendrons là-dessus dans la Troisième partie de ce livre.

11. Résister jusqu'à la mort : 2ème Guerre mondiale — Bastogne

Si quelqu'un verse le sang de l'homme, son sang sera versé par l'homme, car Dieu a fait l'homme à son image.

Genèse 9:6 SG21

Afin qu'on ne répande pas le sang innocent au milieu du pays que le Seigneur, votre Dieu, doit vous faire posséder, et que vous ne deveniez pas vous-même coupable de l'effusion du sang.

Deutéronome 19:10 SAC

Alors que la partie septentrionale de la Belgique – Ypres dans les Flandres – a joué un rôle déterminant pour stopper les troupes ennemies lors de la Première Guerre mondiale, la partie méridionale de la « magnifique Belgique » a elle vaillamment résisté et été le lieu d'un tournant décisif dans la victoire contre l'Allemagne nazie, à la fin de la Deuxième Guerre mondiale. Ceci s'est passé à Bastogne durant la Bataille du Saillant ou Bataille des Ardennes.

Les conditions de cette bataille furent à nouveau tout à fait inhabituelles. Elle fut menée dans des conditions hivernales difficiles, autour de Noël, avec environ 20 centimètres de neige au sol et une température moyenne d'environ − 7 °C (20 F) , qui pouvait descendre jusqu'à moins 28 °C la nuit! [1] Dans la petite ville belge cruciale [2] de Bastogne, les Allemands prirent en étau des milliers de soldats des troupes alliées. Tout s'acharnait contre les forces alliées encerclées, inférieures en nombre dans un rapport de 5 à 1, avec des fournitures de médicaments et de munitions qui s'amenuisaient rapidement. Les Alliés se trouvaient au cœur de l'hiver et très mal équipés pour l'affronter.

Anthony C. McAuliffe était le général de l'armée américaine commandant les forces qui défendaient Bastogne lors de la Bataille des Ardennes (Bataille du Saillant [3]). Il était en charge de toute la division quand les Allemands contrattaquèrent. Le 22 décembre 1944, les Allemands envoyèrent une petite délégation sous pavillon de la trêve, pour délivrer un ultimatum. Pénétrant les lignes américaines au sud-est de Bastogne, la délégation délivra le message suivant au Général McAuliffe, message reproduit ici pour vous aider à saisir la situation désespérée dans laquelle Bastogne et les troupes se trouvaient à ce moment-là:

> *« Au Commandant américain de la ville assiégée de Bastogne. L'issue de la guerre est en train de changer. Cette fois, les troupes américaines dans et aux alentours de Bastogne ont été encerclées*

---

[1] Pour plus d'informations, voir europeremembers.com/fr/destination/bastogne-war-museum-2.

[2] Remarquer que ce mot « crucial » à propos d'Ypres et de Bastogne est utilisé par bien des gens lorsqu'ils relatent les batailles stratégiques livrées sur le sol belge.

[3] Quand les Allemands ont pénétré dans les Ardennes, la ligne de front des alliés prit la forme d'une énorme « protubérance » ou « saillant », donnant lieu au nom de cette bataille.

par des unités allemandes mieux armées...Il n'existe qu'une seule possibilité de sauver les troupes américaines assiégées de l'annihilation totale : c'est la reddition honorable de la ville assiégée. Une durée de deux heures sera accordée à partir de la remise de cette note, pour vous laisser le temps de la réflexion.

Si cette proposition devait être rejetée, un Corps d'artillerie allemand et six bataillons lourds A..A. se tiennent prêts à anéantir les troupes américaines dans et aux alentours de Bastogne. L'ordre de tirer sera donné immédiatement après ce délai de deux heures. Toutes les pertes civiles sévères causées par ces tirs d'artillerie ne correspondraient pas avec l'humanité américaine bien connue.

Le Commandant allemand. »

Selon les personnes présentes, lorsque McAuliffe reçut le message allemand à Bastogne, il le lut, le froissa en boule, le jeta dans une corbeille à papier et marmonna : « Aw, nuts. » [4] La réponse officielle fut dactylographiée et remise à la délégation allemande. Elle tenait en ces mots :

« Au Commandant allemand,

NUTS !

Le Commandant américain. »

Suite à cette réponse, la Luftwaffe allemande attaqua la ville, en la bombardant de nuit. A cause du mauvais temps, les forces américaines ne pouvaient pas être réapprovisionnées par les airs et aucun support tactique aérien n'était possible. [5]

---

4   En français : « Des clous ! » ou « Allez-vous faire voir ! »
5   Pour plus de détails, voir belgiumremembers44-45.be et history.com/topics/world-war-ii/battle-of-the-bulge.

Le Général Eisenhower, Commandant suprême des Forces expéditionnaires alliées, et le Lieutenant-Général Patton dirigèrent la défense américaine pour que le front soit restauré. Le cadeau de Noël que Patton désirait était que le temps passe au beau pour permettre à ses forces armées d'avancer et au support aérien nécessaire d'arriver. Il demanda à son aumônier, le Colonel James O'Neill, de rédiger une prière. [6]

Patton fit imprimer les mots de la prière du père O'Neill, dans la ville de Luxembourg, et les fit distribuer via un quart de million de cartes postales de la taille d'un portefeuille, avec des vœux de Noël au verso.

Les prières s'élevèrent et, en ce froid matin de Noël 1944, les conditions météo s'améliorèrent finalement (et presque miraculeusement). Le sol gela et devint suffisamment solide, les tanks et les forces aériennes purent finalement manœuvrer et apporter de l'aide à tous ceux qui auparavant se trouvaient bloqués. Quand le ciel finit par se dégager, les avions américains purent décoller et parachuter du ravitaillement ; les forces alliées aériennes purent frapper.

Le lendemain de Noël, les unités de la Troisième Armée de Patton qui progressaient rapidement, arrivèrent finalement, perçant les lignes allemandes et portant secours aux troupes. Moins de quatre mois après la fin de la Bataille du Saillant, l'Allemagne se rendit aux forces alliées. Appelée par Winston Churchill la plus grande bataille américaine de la guerre, la Bataille du Saillant dura six semaines brutales, du 16 décembre 1944 au 25 janvier 1945. L'assaut eut lieu à travers les 140 kilomètres de forêt densément boisée des Ardennes. Appelée aussi

---

6   Tiré de historynet.com/pattons-last-christmas.htm.

la Bataille des Ardennes, elle s'est avérée être la plus coûteuse jamais menée par l'armée américaine.

La région autrefois sereine et boisée des Ardennes fut plongée dans le chaos par les combats, tandis que les Américains se repliaient devant l'avancée allemande. « Avez-vous déjà vu de la terre quand une tornade est passée ? Avez-vous déjà vu des arbres et des trucs tordus et cassés ? Toute cette foutue forêt était comme ça », a déclaré Charlie Sanderson [7], soldat de l'armée américaine.

Parfois, même le paysage est marqué par les violences humaines et « se souvient ».

---

[7] Charley Valera, My Father's War: Memories from Our Honored WWII Soldiers, iUniverse 2016.

12. Devenir le cœur de l'Europe

> *Or, toute la terre parlait un même langage avec les mêmes mots... Ils se dirent l'un à l'autre... Allons ! bâtissons-nous une ville et une tour dont le sommet (touche) au ciel, et faisons-nous un nom, afin que nous ne soyons pas disséminés à la surface de toute la terre.*
>
> Genèse 11:1-5 COL

> *J'exhorte donc, en tout premier lieu, à faire des requêtes, prières, intercessions, actions de grâces, pour tous les hommes, pour les rois et pour tous ceux qui occupent une position supérieure, afin que nous menions une vie paisible et tranquille, en toute piété et dignité.*
>
> 1 Timothée 2:1-2 COL

En 1951, six ans après la fin de la Deuxième Guerre mondiale, les leaders de six pays européens (Belgique, Luxembourg, Pays-Bas, France, Italie et Allemagne de l'Ouest) signèrent le Traité de Paris qui fut à l'origine de la Communauté Européenne du Charbon et de l'Acier (CECA). L'idée était qu'en demandant à la France et à l'Allemagne de s'unir autour de leur production d'acier et de charbon, les ressources matérielles nécessaires à la guerre seraient sous contrôle.

Avec cette nouvelle communauté sont apparues les premières institutions européennes. Un certain nombre de villes ont été envisagées pour les accueillir, et Bruxelles aurait été acceptée comme compromis, mais le gouvernement belge a tout mis en œuvre pour soutenir Liège, malgré l'opposition de tous les autres membres. [1]

Un accord ayant de la peine à se concrétiser et un siège devant être trouvé, avant que ces institutions ne puissent commencer à fonctionner, Luxembourg fut choisi comme siège provisoire, mais l'Assemblée Commune dut se tenir à Strasbourg, cette ville étant la seule avec un hémicycle suffisamment grand. [2] Cet accord était temporaire.

Le Traité de Rome de 1957 établit deux nouvelles communautés, la Communauté Économique Européenne (CEE) et la Communauté Européenne de l'Énergie Atomique (CEEA ou Euratom). Les discussions quant aux sièges de ces institutions furent laissées de côté jusqu'au dernier moment, avant que les traités n'entrent en vigueur, pour ne pas interférer avec leur ratification. Bruxelles a attendu, jusqu'à un mois avant les délibérations, pour déposer sa candidature, malgré un large soutien. Le gouvernement Belge appuya finalement sa campagne et commença des constructions à large échelle à l'usage des institutions.

Un comité d'experts déclara que Bruxelles pourrait être une bonne option, disposant de tous les éléments nécessaires pour devenir la future capitale européenne :

---

[1] Thierry Demey, *Bruxelles, capitale de l'Europe*, Bruxelles, Badeaux 2007.

[2] Un hémicycle est une structure en forme de demi-cercle, destinée à recevoir des assemblées législatives, comme c'est le cas pour le Conseil de l'Europe.

- une métropole large et active, sans centre congestionné et avec un habitat de qualité ;
- des moyens de communication efficaces avec les autres capitales européennes, ainsi que des marchés maritimes et commerciaux majeurs ;
- un vaste réseau de transport interne et un centre d'affaires international important ;
- avec une capacité de logement suffisante pour accueillir les fonctionnaires européens ; dotée d'une économie ouverte.

Enfin, elle est située à la frontière entre les cultures latine et germanique et elle est le centre de la première expérience d'intégration d'après-guerre : le Benelux. Enfin, en tant que capitale d'un petit pays, elle n'est pas susceptible de receler une possibilité de faire peser une influence excessive sur les autres États, étant considérée comme un territoire neutre entre les deux plus grandes puissances européennes, la France et l'Allemagne. Le rapport du comité a donc été approuvé. [3]

Aujourd'hui, la Commission Européenne et le Conseil Européen se situent à Bruxelles. Bien que le siège formel du Parlement européen soit toujours à Strasbourg, où les votes ont lieu, les rencontres formelles des groupes politiques et des commissions sont organisées à Bruxelles et trois quarts des sessions parlementaires se tiennent actuellement dans son hémicycle de Bruxelles. [4]

Bruxelles est fréquemment qualifiée de « capitale » de l'Union Européenne, au niveau international. C'est la raison pour

---

[3] Extraits du livre de Thierry Demey, *Bruxelles, capitale de l'Europe*, Badeaux 2007, disponibles sur Wikipédia : wikipedia.org/wiki/Place_de_Bruxelles_dans_l%27Union_europ%C3%A9enne.

[4] On estime à 25 000 le nombre de lobbyistes travaillant à Bruxelles.

laquelle, beaucoup de télévisions nationales, lorsqu'elles relatent les décisions prises par l'Union finissent par dire « Bruxelles a décidé », entendant par là que l'UE a pris cette décision.

Est-il si surprenant que cette ville qui, à travers les siècles, a accueilli le siège du gouvernement des Espagnols, des Autrichiens, des Français et des Néerlandais, qui est située dans un État-tampon créé pour équilibrer les pouvoirs en Europe, où les Allemands, les Britanniques et les Américains se sont rassemblés pendant la Première et la Seconde Guerre mondiale et ont livré des « batailles cruciales », où les mondes et les langues germaniques et romaines se rencontrent (ou s'entrechoquent) – ait finalement été choisie pour devenir la capitale d'une Union Européenne ? [5]

Nous pouvons dire que la ville et le pays ont rempli la fonction pour laquelle ils ont été créés. La Belgique et Bruxelles continuent de fonctionner comme une zone tampon, où les guerres doivent être évitées. Seulement, aujourd'hui, les guerres sont passées de guerres politiques à des guerres économiques. Aujourd'hui, à Bruxelles, les nations se rassemblent pour discuter de quotas, quotas de poissons ou quotas laitiers, de libre-marché et d'obstacles possibles aux échanges…

---

[5] Sur le « vivre ensemble » de différentes langues et cultures sur le « sol belge », voir le livre *Zinc* de David van Reybrouck. Le livre se déroule dans le Moresnet neutre, un ancien mini-État complètement oublié, qui fait maintenant partie de la Belgique germanophone, mais qui entre 1816 et 1919 possédait son propre drapeau, son propre gouvernement et même son propre hymne national (en Espéranto). Le Moresnet neutre était un petit condominium revendiqué par la Belgique et par la Prusse et administré conjointement par le Royaume des Pays-Bas (Belgique après son indépendance en 1830) et le Royaume de Prusse. D'une superficie d'environs 360 ha (900 acres), sa largeur était d'environ 1.6 km pour une longueur de 4.8 km. Moresnet nous rappelle que l'allemand est la troisième langue officielle de la Belgique, parlée par une petite communauté au sud-est du pays.

Ces batailles peuvent être féroces (pensez à celles qui ont eu lieu à propos des zones de pêche ou, plus récemment, sur les conditions du Brexit), cependant jusqu'à maintenant l'effusion de sang a été évitée – à tout le moins, dans le naturel.

Les pressions exercées dans cette ville peuvent être considérables, spécialement quand l'Europe amorce une crise et que des sommets extraordinaires de chefs d'États et de gouvernements doivent être organisés, avec des mesures de sécurité qui finissent par bloquer le trafic dans le centre-ville et ses tunnels.

Si l'Europe est dans la douleur, Bruxelles souvent souffre.

Bruxelles est l'endroit où les lobbies et les ambassades sont en surnombre (vous doublez les ambassadeurs auprès de la Belgique, avec les ambassadeurs auprès de l'Union Européenne).

C'est là, comme tant de gens le disent, que vous trouvez les meilleurs interprètes et diplomates au monde.

C'est là que la statue d'Europe sur son taureau a longtemps été exhibée devant le bâtiment du Conseil de l'Union Européenne (bâtiment Juste Lipse) et où les références aux dieux de la Grèce sont omniprésentes dans la décoration, les œuvres d'art et même les systèmes de gestion documentaire utilisés par les fonctionnaires (Arès, Hermès, etc.).

C'est là qu'on a baptisé le bâtiment du Parlement Européen, *« Le Caprice des dieux »*, à cause de sa forme. [6]

---

[6] Ovale, comme la forme de la boite du camembert français appelé « Caprice des dieux ».

Et parce que les noms tendent souvent à manifester la nature des choses et des êtres, c'est là qu'un des premiers programmes d'assistance à la traduction de documents, utilisé par la Commission Européenne, a été baptisé Babel.

C'est là aussi que les 27 drapeaux des 27 nations européennes qui, autrefois, volaient fièrement au vent devant le bâtiment de la Commission, ont été remplacés, il y a peu, par 27 fois la même bannière étoilée de l'Europe. (Ceci, en dépit de l'adage utilisé par Jean Monnet, un des pères fondateurs de la Communauté Européenne, *« Nous ne coalisons pas des États, nous unissons des hommes »*)

Bruxelles est devenu le siège des institutions européennes. Ou, comme le disent certains, « le cœur de l'Europe ». Accomplissant son appel d'agir comme « zone tampon », permettant une balance des pouvoir et garantissant la paix aux nations environnantes.

Cependant, l'Europe a besoin de prières pour ne perdre ni son cœur, ni son courage. L'Europe a besoin de nos prières, de vos prières.

Ne sommes-nous pas appelés à faire des supplications, à intercéder pour les autorités qui nous gouvernent ?

Est-ce que les institutions européennes ne vous gouvernent pas, vous et vos pays, si vous êtes français, néerlandais, espagnols, italiens, finlandais, grecs … ? N'ont-elles pas une influence sur vos économies, si vous êtes américains, australiens, britanniques ?

Priez, adressez des requêtes en leur faveur.

Sans prières, l'Europe est en danger de devenir *une terre parlant un même langage avec les mêmes mots, une ville que nous nous sommes bâtis, avec des briques servant de pierres, une tour dont le sommet touche le ciel* – mais sans Dieu.

Ne laissez pas le fardeau de l'intercession pour l'Europe aux seules épaules de Bruxelles ou des Belges. Après tout, l'Union Européenne comprend 27 Etats membres et environ 450 millions d'habitants (la Belgique n'en compte que 11). Le joug n'est pas facile, le fardeau n'est pas léger. [7] Pourtant l'enjeu est de taille.

Sont en jeu deux modèles, deux ADN : une coalition d'Etats – ou un empire.

---

[7] La comparaison entre la nouvelle infrastructure de l'Union Européenne à Strasbourg et la tour de Babel du peintre médiéval Brueghel, a été faite par un grand nombre de personnes, chrétiens et non-chrétiens. Pour plus de détails sur les bâtiments de l'UE, voir : architecturehereandthere.com/2016/12/28/eu-new-brussels-hq/.

13. Arythmie et crise cardiaque

> *L'ennemi poursuit mon âme, Il écrase à terre ma vie ; Il me fait habiter dans les ténèbres, comme ceux qui sont morts depuis longtemps. Mon esprit est abattu au-dedans de moi, Mon cœur est frappé de stupeur dans mon sein.*
>
> Psaumes 143:3-4 COL

> *N'eût été que j'ai cru que je verrais les bienfaits de l'Éternel en la terre des vivants, [c'en était fait de moi]*
>
> Psaumes 27:13 MAR

Savez-vous que le centre de Bruxelles, le « Pentagone » comme on l'appelle, a la forme d'un cœur ?

Savez-vous que quand l'Europe est en crise, les artères de la ville sont bloquées et le cœur de Bruxelles est arrêté par les embouteillages ?

On blâme (maudit ?) si souvent Bruxelles quand des décisions sont prises qui ne plaisent pas à un des pays européens ou à un autre. La ville doit alors faire face à la colère de ceux qui se sentent injustement traités. Beaucoup de manifestations se tiennent devant les Institutions européennes, bloquant ainsi souvent l'accès au cœur de la ville. Par contre, il n'y a que très rarement des manifestations de joie ou de remerciements pour les avantages reçus de cette même Union.

Ces dernières années, Bruxelles a régulièrement été classée comme l'une des villes les plus congestionnées de l'Europe de l'ouest. Ceci s'explique par une densité de population élevée en Belgique et un grand nombre de navetteurs, ainsi que par les manifestations sociales et politiques. Considérez celles qui ont eu lieu à propos du changement climatique, avec des milliers de jeunes gens marchant dans les rues, avant de s'arrêter devant les Institutions européennes.

La bonne nouvelle, c'est qu'en tant que cœur de l'Europe, Bruxelles est une ville gouvernementale où la voix du peuple peut se faire entendre. Mais le concert des voix peut parfois etre assourdissant et chaotique. En 2018, la ville de Bruxelles a enregistré 995 manifestations (!), son plus haut score à ce jour. Et 80 % de ces manifestations n'avaient rien avoir avec le petit pays dont elle est la capitale. Comme si le cœur de Bruxelles battait plus pour l'Europe que pour la Belgique, comme si le poids porté et la tension artérielle ressentie comme capitale de l'UE étaient bien plus élevés que ceux qui résultent de sa fonction de capitale de la nation.

Priez pour les autorités européennes, priez pour Bruxelles, car beaucoup de choses, qui dépassent de loin son petit territoire, sont décidées dans cette ville . Vous ne voulez pas que le cœur de l'Europe flanche, vous ne voulez pas qu'il se brise, n'est-ce pas ? [1]

---

1   Fait intéressant à noter: il existe une maladie appelée « syndrome des cœurs brisés » ou « cardiomyopathie de Takotsubo », du nom de la forme de piège à poulpe que prend le cœur. Il s'agit d'un affaiblissement du ventricule gauche, la principale chambre de pompage du cœur, généralement à la suite d'un stress émotionnel ou physique grave. Pensez ici à tous les conflits déchirants décrits dans la deuxième partie de ce livre, et à un cœur qui a besoin de « pomper le sang » pour toute l'Europe...

Un jour, des intercesseurs ont entendu les battements magnifiques et intenses de ce cœur fort, pompant et distribuant le sang dans tout le pays et dans le reste de l'Europe. Un autre jour, tandis que nous étions réunis dans la Maison de prière de Bruxelles, à proximité des Institutions européennes, avec des intercesseurs de différentes parties du pays, le cœur que nous avons vu était tellement sous attaque, qu'il s'était presque arrêté de battre. Nous avons dû prophétiser que la vie revienne à nouveau dans cet organe, un peu comme si on devait faire un massage cardiaque par la prière, tout cela en sachant que si ce cœur devait s'arrêter de battre, c'est toute l'Europe qui en serait affectée.

Frappe en plein cœur ! Nous connaissons cette expression et ce conseil stratégique, souvent prodigué en temps de guerre.

Rappelez-vous ce qu'on disait de la Belgique pendant la Première et la Deuxième guerre mondiale : petite, mais cruciale. Si vous y arrivez là, vous y arriverez partout. Si vous pouvez remporter la victoire à cet endroit, vous la remportez pour tout le territoire.

Le saint patron de la ville de Bruxelles nous le rappelle : son nom est Michel, Saint Michel – l'Archange qui a combattu les anges déchus et celui qui les a conduits dans la rébellion. Vous pouvez le voir (en statue) terrassant le dragon au sommet de la flèche de la tour de l'Hôtel de ville sur la Grand-Place de Bruxelles !

Comme le formule le mouvement « Resurrection Belgium », « les batailles remportées en Belgique sont des batailles remportées pour toute l'Europe ». L'homme qui porte cette vision [2] a partagé que ces paroles « frappe l'ennemi en plein cœur » lui ont été données en Amérique tandis qu'il priait pour l'Europe, ceci avant de savoir que Bruxelles était appelée le *cœur de l'Europe*.

Frappe en plein cœur !

Les enfants de Dieu connaissent la stratégie – et l'ennemi aussi.

Protégez le cœur. Priez pour Bruxelles.

Celui qui gagne à Bruxelles emporte la mise en Europe.

Assurez-vous que le Royaume de Lumière prévale dans cette ville.

Vous ne voulez pas que « l'Empire contre-attaque » dans cet endroit stratégique.

Assurez-vous que le cœur du projet est préservé, que les bons mandats selon Dieu soient accomplis. Assurez-vous que le cœur continue de battre et administre le sang à tout le corps européen.

---

[2] Matthew King, Resurrection Belgium, facebook.com/resurrection belgiummovement/.

Belgique, reviens à la vie !

La Réponse

14. Rouvrir les livres, se rappeler

Les juges s'assirent, et les livres furent ouverts.

Daniel 7:10 col

Cette nuit-là, le sommeil le fuyant, le roi se fit apporter le livre des mémoires, les Chroniques, et l'on en fit la lecture devant le roi.

Esther 6:1 col

Lorsqu'une personne ou un territoire ont été fragmentés par un traumatisme, une partie de la guérison passe par le fait de se souvenir.

Se remémorer, remettre les morceaux ensemble. Remembrer (*remember*, comme disent les Anglophones).

Mettre un stop à ce qui dé-mantèle, ce qui enlève le mantel ou manteau d'honneur, laissant la créature nue, honteuse, blessée, choquée et isolée.

Rappelle-toi, remémore-toi, Belgique ! N'oublie pas !

Remets les morceaux ensemble, Belgique.

Pour cela, nous devons oser regarder en face ce qui s'est passé.

Les dix chapitres de la deuxième partie de ce livre ont tenté d'aider à le faire. Belgique, tes blessures sont profondes. Et les blessures que tu as infligées aux autres (tes colonies) ont aussi été en profondeur. N'essaie pas de traiter ces souffrances à la légère.

Ne laisse pas les autres te dire que c'était une petite affaire, que tu aurais dû avoir dépassé cela depuis longtemps. N'y a-t-il pas eu déjà suffisamment de conférences et de prières, suffisamment de paroles de repentance exprimées ? Suffisamment de prophéties significatives données pour un avenir prometteur ? Suffisamment d'exhortations à se lever et à briller, à présent ?

Considérons la chose. Est-ce que Lazare était capable de se lever et de briller, après qu'il ait été ressuscité ? Est-ce que Jésus n'a pas donné un ordre à ceux qui se tenaient autour de lui ? *Aidez-le à retirer ses bandelettes !* Un déballage nécessaire, que Lazare ne pouvait effectuer par lui-même. Une remise en place de ce qui s'était désintégré et avait commencé à sentir mauvais.

Quelle était l'odeur de Lazare après sa résurrection ? Au nez, comment était-il perçu ? Ses amis avaient-ils envie de l'approcher et d'aider à lui enlever ses bandages ? Ces vêtements de morts, il faut parfois du temps et des soins pour qu'ils soient enlevés. Et la résurrection peut être une affaire risquée. Ne lit-on pas qu'après sa résurrection, la vie de Lazare se trouva à nouveau en danger, cette fois parce que le signe qu'il était devenu ne plaisait pas à l'élite religieuse de l'époque ?

Une mesure de guérison a déjà eu lieu en Belgique et nous en sommes très reconnaissants. Cependant, elle n'est pas encore descendue suffisamment en profondeur. [1] Ce qui est arrivé à

---

1   Précisons ici que dans la saison actuelle, c'est quelque chose que les intercesseurs francophones de Belgique ressentent davantage que les intercesseurs flamands.

ce pays, ce n'est pas rien ! Et il n'est pas nécessairement bon de dire : « Tout va bien maintenant ».

Le prophète Jérémie nous rappelle le risque que cela comporte :

> *Ils soignent à la légère La blessure de la fille de mon peuple ; Paix ! paix ! disent-ils. Et il n'y a point de paix.*
>
> Jérémie 8:11 COL

Ne soyons pas comme cela. Ne soyons pas non plus comme les amis de Job, qui sont venus, pétris de bonnes intentions, mais avec des conseils mal inspirés (à la fin du livre, Yaweh les reprend). Dans cette saison de *Kairos*, si nous voulons aller plus haut, nous devons aller plus en profondeur et oser toucher des choses pénibles, que Dieu a laissées intactes jusqu'à présent, parce qu'elles sont terriblement douloureuses. [2]

Bruxelles, aussi, souviens-toi de ton appel.

Ouvre tes livres d'histoire et souviens-toi que depuis fort longtemps, tu as été appelée à être une ville capitale, tant pour ce qui deviendrait la Belgique que ce qui deviendrait l'Europe.

Rappelle-toi, comment tout a commencé, dans ce petit quartier de Saint-Géry, au bord de la Senne, au bord de l'eau.

---

2   La Belgique est comme une personne (comme le souligne l'annexe par Jean Antone). Si vous avez été traumatisés, vous essayez d'enterrer vivants vos souvenirs et/ou de ne vous souvenir qu'en partie de ce qui s'est passé. Il n'y a qu'au ciel que l'intégralité de la vérité à propos d'une personne /d'un pays est consignée. C'est la raison pour laquelle nous devons rouvrir le livre dans le ciel. C'est comme avec le Roi Assuérus, que Dieu a tenu éveillé durant cette nuit Kairos, afin que certaines vérités oubliées soient révélées. Dans cette saison, qui devrait être gardé éveillé pour écouter, en Belgique ? le roi ? le prophète ? l'intercesseur ?...

Rappelle-toi les bonnes parties de ton histoire, avec Géry, sa joie, sa foi, son baume de guérison. Rappelle-toi ton Age d'or comme « Bourguignonne », quand tes frontières étaient différentes et que tu étais florissante, défiant un empire. Rappelle-toi ton héritage spirituel, tes Mystiques flamands, qui parlaient trois langues, le latin, le français et le néerlandais avec la même aisance et le même plaisir, partageant leurs révélations et leur sagesse avec le reste de l'Europe.

Rappelle-toi ton temps de Réforme : le courage de tes martyrs, ton onction à traduire le Livre, à l'imprimer et à répandre la Bonne Nouvelle.

Rappelle-toi ton Roi Chevalier et le Livre du Roi Albert, un hommage à ta bravoure.

Rappelle-toi. Relie les points.

Tandis que tu te rappelles, des connections et des reconnections se produisent. Ta ceinture de vérité est restaurée. [3] Les parties de ton corps commencent à se remettre ensemble, comme dans la vision d'Ezéchiel sur les os desséchés.

Rappelle-toi, Belgique ! Ton livre est en train d'être ouvert.

---

3   Aletheia est le mot grec pour vérité et vient du concept de « ne pas oublier ». Se rappeler est en lien avec la vérité, par opposition à un agenda visant à dé-membrer la mémoire. Dé-mantelant, dé-membrant. En anglais, la racine du mot se rappeler, « remember » ou « re-membrer» parle de cette vérité. Littéralement, aletheia signifie découverte ou divulgation de la vérité.

15. Exposer l'ennemi : Léviathan

En ce jour, l'Éternel châtiera de sa dure, grande et forte épée, Léviathan, serpent fuyard, Léviathan, serpent tortueux ; Et il tuera le monstre qui est dans la mer.

Esaïe 27:1 COL

Réveille-toi, réveille-toi ! Revêts-toi de force, bras de l'Éternel ! Réveille-toi comme aux jours d'autrefois, comme aux âges anciens ! N'est-ce pas toi qui mis en pièces Rahab, qui transperças le dragon ?

Esaïe 51:9 OST

Léviathan, le dragon de la mer. Quelle est son importance ici ? Qu'est-ce que Léviathan a à faire avec toutes les guerres qui ont souillé le sol de la Belgique ?

Beaucoup : si nous savons que le sang crie vengeance depuis la terre et si nous savons que Léviathan est une entité spirituelle qui riposte, qui fouette en retour.

Beaucoup : si nous savons que pour cet esprit, la question de l'honneur et du déshonneur est centrale. Comme nous l'avons vu, beaucoup d'actes déshonorants ont eu lieu sur le sol belge : des corps décapités et brûlés sur la Grand-Place de

Bruxelles ; de jeunes hommes tués par milliers et dépouillés de leurs dents à Waterloo ; des corps attaqués au gaz moutarde et enterrés dans les profondeurs des tranchées de la Première Guerre mondiale ; le viol de civils durant la Deuxième Guerre mondiale ; des fortunes bâties sur l'amputation de mains et de pieds au Congo... beaucoup de choses qui désacralisent un endroit et un peuple. Pas juste une fois, mais de manière répétée, presque comme une malédiction, tout au long de l'histoire.

Mais en quoi tout cela a-t-il à voir avec Léviathan ? Et avant tout *qu'est-ce* que Léviathan ?

Je ne suis pas le genre de personne qui reçoit beaucoup de rêves spirituels et voit toutes sortes de choses durant la nuit – et cela malgré le fait que j'ai participé à quelques écoles des rêves et que j'ai fait de l'interprétation pour des prophètes qui eux reçoivent pas mal de révélations par ce biais. J'ai, de mon côté, ce que j'appelle « mes trois/quatre rêves spirituels de l'année ».

Donc, lorsque durant l'un de ces rêves, en février 2020, j'ai vu apparaître cette créature marine animée d'intentions horribles – un rêve qui m'a rendue physiquement malade le jour suivant et faible le reste de la semaine, j'ai réalisé que Dieu voulait attirer mon attention sur cet esprit. Et je savais que c'en était « un de taille » (je le considérerais comme une principauté) à cause des effets durables que cette rencontre a eus sur moi, même si cela ne s'est passé que dans un rêve.

De plus, quelques mois avant cette nuit, une autre personne - un frère flamand - de l'équipe prophétique avec laquelle je priais, a aussi reçu une vision/une image qu'il a dessinée pour nous, à propos du Léviathan et d'une épée.

Finalement, dans la même période, en juin 2020, le livre de Anne Hamilton, *« Dealing with Leviathan »* (S'occuper du Léviathan) a été publié. ¹ Alors j'ai su que la chance était minime que toutes ces manifestations du Léviathan soient « aléatoires » et que je devais prêter attention à ce « serpent tortueux » décrit dans Esaïe 27.

Comme serpent tortueux, Léviathan **tord la communication** et déforme la signification des mots. Considérez quelle pourrait être sa stratégie quand des personnes de deux groupes de langue et de culture différentes essayent de se rassembler, de se comprendre l'un l'autre et de planifier une action, particulièrement pour le Royaume de Lumière. ²

Léviathan est décrit dans le livre des Psaumes, dans Esaïe et dans Job comme un être des eaux (Il « s'ébat dans les profondeurs » dans Ps 104:26) avec plusieurs têtes et des écailles, un être plein d'orgueil. Dans son livre « Defeating Water Spirits » (« Vaincre les esprits des eaux »), Jennifer LeClaire écrit qu'il n'est pas un esprit ordinaire, mais une principauté qui dans la hiérarchie de l'enfer gouverne des nations. Il est l'ultime gardien de l'hostilité. ³

---

1   Anne Hamilton, *Dealing with Leviathan: Spirit of Retaliation: Strategies for the Threshold #5* (S'occuper du Léviathan: Esprit de rétorsion: Stratégies pour le Seuil #5), Juin 2020, Armour Books. La plus grande partie de chapitre cite ou est inspiré des révélations partagées dans ce livre.

2   Franz Lippi, fondateur de B.L.A.S.T. – ministries (Graz, Autriche), un réseau d'intercession internationale et d'implantation d'églises en Europe du Sud-Est (Balkans – voir www.blastministries.net) définit le Léviathan comme l'esprit de division. En effet, une mauvaise communication conduit souvent à la division.

3   Jennifer LeClaire, *The Spiritual Warriors' Guide to Defeating Water Spirits. Overcoming Demons that Twist, Suffocate, and Attack God's Purposes for Your Life* (Le guide des guerriers spirituels pour vaincre les esprits de l'eau. Vaincre les démons qui tordent, étouffent et attaquent les desseins de Dieu pour votre vie), 2018, Destiny Image Publishers.

Cet aspect de gardien est intéressant, parce qu'il apparaît aussi comme très central dans la description de la fonction du Léviathan donnée par Anne Hamilton : *un gardien de seuil*.

Un seuil est une limite dans l'espace ou le temps ou d'un état physique. [4] A propos du *temps*, Jennifer LeClaire indique *qu'il y a un temps Kairos durant lequel l'esprit du Léviathan agit contre votre vie. Les crocodiles attaquent durant les saisons de reproduction. Alors, faites attention au Léviathan dans les périodes de croissance spirituelle et d'enfantement spirituel. Toutes ces saisons sont des saisons prédominantes pour que l'orgueil dans notre cœur ouvre la porte au Léviathan.*

Les dragons ***attaquent pendant des temps de traversée ou de naissance***. *Ils veulent vous détourner des transitions de Dieu et des nouvelles naissances dans votre vie, vous faire avorter ou abandonner ce que Dieu vous a appelé à être ou à faire.*

C'est important de le savoir et d'y prêter attention.

Anne Hamilton décrit la manière dont le Léviathan se manifeste, en ces termes : *nous sentons sa présence lorsque nous décrivons* **notre situation comme impliquant un châtiment, un retour de manivelle, un contrecoup, un retour de flamme, un rebond, un coup du lapin, des répercussions, des représailles ou une vengeance.** *Il est symbolisé par le crocodile, le scorpion ou quoi que ce soit avec une queue cinglante comme la raie. On peut l'imaginer sous la forme d'un dragon, d'une baleine* [5], *d'une hydre, d'une manticore ou d'un basilic. Les actions indiquant sa présence*

---

4   « L'état physique » est un des états que la matière peut adopter : solide, liquide, ... et le seuil, la limite de température, de pression ou autre amenant un changement d'état – par exemple, entre la glace et l'eau ou l'eau et la vapeur.

5   C'est la manière dont il s'est manifesté dans mon rêve, comme le mélange d'une baleine et d'un requin.

sont le lancer de flammes, la projection d'acide, la combustion d'encens ou la « mort subite »...

Elle met aussi l'accent sur le fait que c'est un *« « nachash' », c'est-à-dire un serpent de feu, comme le séraphin à six ailes... La fonction des prêtres Lévites dans le Lieu Saint du Tabernacle et du Temple reflète le but original du Léviathan dans les cours célestes, avant sa chute. Parce que les offices de Dieu sont irrévocables, bien que le Léviathan soit un séraphin déchu, il est capable de **s'acquitter de son devoir de s'assurer que le Lieu Saint est une place d'honneur et de sainteté. Il est sauvage dans ses représailles contre le déshonneur...** Sa description correspond au mobilier du Lieu Saint : sept têtes comme la ménorah à sept branches ; de la nourriture comme le Pain de la Présence ; du feu et de la fumée comme l'autel des parfums. »* [6]

Waouh !
Sélah.
Faites une pause et réfléchissez-y à deux fois.
Considérez cela dans la prière.

Si nous commençons à connecter les points et à cocher les cases, quelque chose d'intéressant commence à émerger ici.

Considérez l'esprit du dragon-marin et l'histoire et la légende autour de la création de Bruxelles : née sur un cours d'eau, la Senne ; avec comme « Saint officiel et patron » Saint Michel, représenté sur la flèche de la tour de l'Hôtel de ville sur la Grand-Place, « terrassant le dragon ». Considérez aussi les légendes et les statues de dragons terrassés dans d'autres villes de Belgique établies sur une rivière : Namur en Wallonie, Anvers en Flandre.

---

6   C'est une citation directe du livre sur le Léviathan d'Anne Hamilton, Annexe 1, p. 213.

Considérez le Léviathan comme un esprit concerné par l'honneur et le déshonneur, dont l'emprise est alimentée par le déshonneur – et pensez à tout le déshonneur qui a eu lieu en Belgique, des « dents de Waterloo » au « viol de la Belgique » durant la Première Guerre mondiale, à la quasi extermination de Bastogne durant la Deuxième Guerre mondiale : considérez ensuite les « mains et les pieds de Léopold » au Congo et la désacralisation qui s'en suit. Retour de flammes. Déshonneur s'empilant au sommet d'autres actes déshonorants. [7]

Déshonorer d'autres personnes crée des trous dans l'Armure de Dieu (Ephésiens 6) – et en même temps, cela renforce l'emprise des anneaux du Léviathan. Levée de boucliers pour lui, boucliers en bas pour nous, pourrait-on dire. Pensez au Léviathan comme le roi des fils de l'orgueil ; et pensez à la Belgique recevant comme roi un possible Grand-Maitre, un Roi bâtisseur « régnant en seigneur » sur une colonie qu'il s'est appropriée.

Pensez que l'orgueil précède la chute et l'humilité précède une prière exaucée. Réfléchissez à combien l'humilité est essentielle pour honorer et l'orgueil préjudiciable. Pensez à l'atmosphère spirituelle en Belgique, lorsqu'une des communautés linguistiques refuse de considérer les intérêts

---

[7] Dans son livre, *Dealing with Resheph, Spirit of Trouble* (Traiter Resheph, Esprit de trouble), Anne Hamilton déclare aussi que le Léviathan a une autre « face » ou un autre « nom » dans les Ecritures : Resheph. Cet esprit de feu meurtrier – fièvre, feu, chaos financier, sécheresse, troubles mentaux et émotionnels – est capable de nous troubler, parce que nous avons déshonoré Dieu, en particulier pendant la prière. Resheph est aussi une contrefaçon de Jésus en tant que Pierre angulaire.

de l'autre et de s'incliner pour trouver une solution qui honorerait les intérêts des deux parties. [8]

Pensez à cela : même si nous sommes ressuscités, nous ne pouvons pas nous délier tout seul, comme cela fut aussi le cas de Lazare. Et combien l'orgueil peut nous tenir lié et complice du Léviathan. [9] Pensez aussi que les empêchements majeurs à l'exaucement d'une prière sont l'orgueil et le déshonneur. Si vous ne recevez pas de réponses, regardez au déshonneur (donné ou reçu), comme étant une des raisons possibles.

Honneur, justice, restitution, réconciliation.

Déshonneur, injustice, vol, non-pardon et division.

Une ligne ou une autre.

Notez aussi que le Léviathan est à la fois une créature et un modèle, un système – ou plutôt un esprit derrière un système. Hobbes, le philosophe et écrivain anglais du 18ème siècle, dont l'œuvre majeure est son livre « Léviathan », le présente comme un système, un monstre nécessaire liant le peuple d'une nation dans un contrat social. Comme tel, le « Léviathan » qu'il propose est une contrefaçon au Corps de Christ, l'assemblée de prêtres, préfigurée par les Lévites dans l'Ancien Testament.

---

8   Cela peut bien sûr aller dans les deux sens, des francophones aux néerlandophones et inversement. Et ce n'est qu'une partie du défi linguistique, car l'allemand est la troisième langue officielle de la Belgique, et l'anglais est très souvent utilisé à Bruxelles et dans les réunions chrétiennes (inter)nationales comme « terrain d'entente ». Imaginez les malentendus possibles lorsque les gens ne parlent pas la même langue maternelle.

9   Cette considération est aussi d'Anne Hamilton.

L'attribut du Léviathan est de « joindre » les personnes ou les choses ensemble, un peu comme les Lévites amenaient la confédération des tribus à « s'assembler » à travers une adoration partagée de Yahweh, tandis qu'ils accomplissaient leurs devoirs sacerdotaux. Dans son livre, Anne Hamilton développe encore plus ce parallèle. Elle déclare aussi que le Léviathan veut notre héritage – symbolisé par le pays et un vignoble (Esaïe 27). Il veut notre droit de naissance. Il veut signifier sa propriété sur notre « pays » en mettant son nom dessus (Il poursuit la semence, comme le dragon décrit dans le livre de l'Apocalypse). Léviathan est habilité à nous empêcher d'entrer dans notre destinée à cause d'un déshonneur dont on ne s'est pas repenti.

Nous savons aussi que le trône de Dieu (l'autorité gouvernementale) est établi sur l'équité et la justice [10] et que Dieu répond aux prières en faveur d'un pays, lorsque l'honneur a été restauré :

> *Si mon peuple sur qui est invoqué mon nom s'humilie, prie et recherche ma face, s'il revient de ses mauvaises voies, moi, je l'écouterai des cieux, je lui pardonnerai son péché et je guérirai son pays.*
>
> 2 Chroniques 7:14 COL

Lorsqu'il y a de la franc-maçonnerie, le Léviathan est là – c'est une des observations d'Anne Hamilton. A contrario, la paix / Shalom est léthale pour le Léviathan. Est-ce qu'on

---

10 A propos de l'injustice et du déshonneur, pensez à l'affaire Dutroux mentionnée dans la préface de ce livre : comme c'est honteux et profondément profanateur. Considérez aussi que le Palais de Justice de Bruxelles, un bâtiment maçonnique monstrueux érigé durant le règne du Roi Léopold II, se trouve en réparation, entouré d'échafaudages depuis des décennies, offrant une piètre image de la justice.

commence à voir le lien possible entre la Belgique et les ébats du Léviathan sur ce territoire ?

16. Trouver sa véritable identité

C'est pourquoi Lévi n'a ni part ni héritage avec ses frères : l'Éternel est son héritage, comme l'Éternel, ton Dieu, le lui a dit.

Deutéronome 10:9 COL

Il me fit voir le souverain sacrificateur Josué, debout devant l'Ange de l'Éternel, et Satan debout à sa droite pour l'accuser. L'Éternel dit à Satan : Que l'Éternel te réprime, Satan ! Que l'Éternel te réprime, lui qui a fait porter son choix sur Jérusalem ! N'est-ce pas là un tison arraché du feu ? Or Josué était couvert de vêtements sales et se tenait debout devant l'Ange. Celui-ci, prenant la parole, dit à ceux qui étaient devant lui : Otez-lui les vêtements sales ! Puis il lui dit : Vois, je t'enlève ta faute pour te revêtir d'habits précieux. Je dis : Qu'on mette sur sa tête un turban pur ! ...

L'Ange de l'Éternel apporta ce témoignage à Josué : Ainsi parle l'Éternel des armées : Si tu marches dans mes voies et si tu gardes mon commandement, c'est toi qui gouverneras ma Maison, tu garderas aussi mes parvis, et je te donnerai libre accès parmi ceux qui se tiennent (ici).

Zacharie 3:1-7 COL

Sélah.
Pause.
Respiration avant de reprendre.

Considérez dans la prière :

- quand on pense à la Belgique, comment elle est née, comment le duché ou empire dont elle faisait partie, a augmenté, diminué, changé de frontières au cours des siècles ;
- quand on pense au titre de son roi, Roi des Belges (un peuple) et non Roi de la Belgique (un territoire), par opposition, par exemple, au titre de la Reine Elisabeth d'Angleterre ;
- quand on songe qu'elle a été créée comme une zone tampon pour l'Europe, pour le bénéfice et la paix des autres, pour équilibrer les pouvoirs entre les entités environnantes, au centre desquelles elle a été placée;
- quand on se souvient que la Belgique s'est offerte elle-même en sacrifice durant la Première et la Deuxième Guerre mondiale, inondant son propre territoire pour arrêter l'ennemi dans les champs de Flandre, résistant jusqu'à la mort à Bastogne [1] et qu'on se rappelle que Bruxelles est l'endroit où les premiers martyrs européens de la Réforme protestante sont tombés ; [2]
- quand on sait que la tribu de Lévi – les Lévites – étaient placés au centre du peuple d'Israël, durant la période où ils

---

[1] Pour plus d'informations sur le prix payé par les civils durant la guerre, voir bel-memorial.org/books/the-unknown-dead-civilians-in-the-battle-of-the-bulge.pdf.

[2] C'est l'endroit aussi où la Belgique offre ses propres politiciens brillants pour servir l'Europe, se plaçant dans une situation de crise qui fait rire ces mêmes nations qu'elle vient de sauver: pensez à l'époque – plus de 365 jours – où la Belgique était dépourvue d'un gouvernement fédéral, après avoir nommé Herman Van Rompuy à la présidence du Conseil européen pour aider l'Europe à avoir une gouvernance appropriée, tandis que dans la même période, la Belgique se sacrifiait et perdait son propre Premier ministre bilingue, le seul homme à l'époque qui était acceptable pour diriger le pays et ses communautés linguistiques, qui souvent divergent dans leurs votes et leurs préférences.

campaient dans le désert, après avoir quitté l'Egypte, les Lévites ne recevant en propre ni propriété ni possessions dans le pays, parce que leur rôle était d'accomplir le service du temple, présentant des offrandes pour toutes les autres tribus ;

– quand on se rappelle que les Lévites servaient d'enseignants et de juges, maintenant des villes refuges – des zones tampon – dans les temps bibliques ;

– quand on découvre que le mot « Lévi » signifie, éthologiquement parlant, *joint, lié à, dévoué à, attaché à*, fonctionnant comme de la « colle » ou plutôt comme des ligaments, afin de garder les autres tribus unies comme un corps, non démembrées ;

– quand nous voyons tout cela et prenons l'ensemble en considération, ne commençons-nous pas à réaliser le parallèle entre la fonction de la tribu de Lévi envers les autres tribus d'Israël et la fonction de la Belgique envers les autres pays d'Europe ? [3]

Et ne commençons-nous pas aussi à percevoir le fonctionnement du Léviathan comme une contrefaçon de Lévi [4], qui s'oppose à ses efforts de joindre et d'unir, dans des tentatives répétées de diviser et de fragmenter ?

---

[3] Il est très inhabituel qu'un roi ne soit pas territorial. Le titre « Roi des Belges » sonne comme celui d'un roi d'une tribu. Les Lévites sont une tribu, une tribu sacerdotale. Les Lévites sont particulièrement nécessaires, lorsque l'unité n'est pas (suffisamment) là.

[4] Lévi / Léviathan : deux noms avec la même racine, pointant vers la prêtrise et sa contrefaçon. Dans le mouvement d'intercession en France (Maisons de prière), ils se réfèrent plus aujourd'hui à « la sacrificature selon l'ordre de Melchisédek / Jésus » qu'à celle selon Lévi (Tribu de l'Ancien Testament), mais ils exposent aussi « l'autre sacerdoce » (la contrefaçon) qui doit être combattu, par l'intercession et les louanges du Très-haut. Pour plus d'information à ce sujet, voir melkisedek.fr.

L'union fait la force est la devise nationale de la Belgique.

Et, à contrario, la division et la fragmentation sont synonymes de faiblesse [5].

Quand nous plongeons dans le passé de la Belgique actuelle et que nous nous souvenons de l'histoire/la légende autour de la naissance de Bruxelles, la libération des captifs et la mise à mort du dragon par Géry de Cambrai ; quand nous prenons en compte que la Bruxelles actuelle est la ville où les nations européennes se réunissent, le cœur de l'Europe où *« Si vous y arrivez là (comme héro ou comme dragon), vous y arriverez partout »*, nous comprenons une fois de plus l'importance de cette capitale et du pays dont elle fait partie. Une capitale de première importance, un endroit stratégique sur l'échiquier de la fin des temps.

Cruciale, bien que petite.

« Je connais deux villes où les nations se réunissent, une est Jérusalem, l'autre est...Bruxelles. » A mon grand étonnement, tels furent les mots que j'entendis tandis que je préparais mon premier voyage pour Israël et que je priais : « Seigneur, aimerais-tu me rendre attentive à quelque chose avant que je visite Israël ? »

Les mots étaient presque audibles dans mon esprit, mais ils ne semblaient pas tout à fait logiques, parce que j'ai pensé directement à d'autres villes où les nations se rassemblent : Genève, New York...

---

5   Je rappelle ici la révélation partagée par Anne Griffith qu'un esprit nationaliste aura tendance à se lever sur une plaque tectonique (en Belgique, la ligne de séparation entre les mondes romains et germaniques), quand aucune guérison du cœur n'a eu lieu ou une guérison pas suffisamment profonde.

Cependant ces mots sont restés en moi et j'ai commencé à méditer davantage sur ce que Bruxelles et Jérusalem pouvaient avoir en commun. Et des éléments sont venus.

Dans les deux villes, il y a un mur de séparation et un défi important d'accueillir conjointement deux peuples différents, deux cultures et religions.

Au temps de Jésus, les nations se rassemblaient à Jérusalem pour la Fête de Pentecôte – et des peuples de toutes les tribus et de toutes les langues s'y réuniront à nouveau à la fin des temps, selon le livre de l'Apocalypse.

À Bruxelles, 27 nations se rassemblent, sous un seul drapeau, essayant de s'unir, de chercher la paix, de vaincre la confusion babélique des langues [6] – mais au risque de construire une tour qui attendrait les cieux sans Dieu.

Les parallèles – et différences – entre ces deux villes ont commencé à prendre forme dans mon esprit ; cependant je n'aurais pas osé partager cette idée, ni écrire à ce propos – jusqu'à ce que je tombe sur un article écrit par un des esprits les plus brillants de Belgique, [7] qui n'est pas un chrétien professant, mais qui a écrit ce qui suit, presque dans la même période où je méditais sur ce sujet :

> *Bruxelles, en effet, c'est un peu notre Jérusalem… Bruxelles est une ville-symbole à laquelle chacune de nos ethnies prétend avoir un droit sacré: les Flamands parce qu'elle est au cœur de leur région et que*

---

[6] Dans les institutions de l'UE, la traduction se fait de 24 langues à 24 langues, ce qui conduit à 576 combinaisons possibles de langues.

[7] Philippe Van Parijs, qui dirige la chaire Hoover d'éthique économique et sociale à l'université catholique de Louvain et tient une position de professeur invité à la faculté de droit de l'Université d'Oxford.

> *c'est leur langue que le petit peuple de Bruxelles a parlée pendant des siècles, les Wallons parce que c'est en français que Bruxelles est devenue capitale et que c'est par suite le français qui est aujourd'hui la langue la mieux connue des Bruxellois. Lâcher Bruxelles serait de ce fait, de part et d'autre, une insupportable humiliation.*

Il y parle aussi du mur de Jérusalem, le mur des lamentations, et du « mur » de séparation à Bruxelles, situé sur sol flamand, mais où une vaste majorité des citoyens parlent français, ce mur symbolique séparant les Belges francophones et néerlandophones. Nous savons aussi qu'historiquement, le « limes romain » passait à cet endroit et séparait les nations germaniques des nations romaines.

Ici, si nous pensons à la question de l'honneur et à la manière dont le Léviathan s'attaque à toute forme de déshonneur, quel défi pour ce petit pays, où tant de sang innocent, de viols, d'adoration des faux dieux d'Egypte [8] ont rempli l'atmosphère et, jusqu'à un certain degré, continuent de l'imprégner. Comment pouvons-nous *assembler, connecter, remembrer* d'une manière qui soit selon le coeur de Dieu ?

Pas d'une manière contrefaite, comme celle qui consiste à joindre des tuiles comme le « couvreur » de la loge maçonnique le fait [9]. Mais plutôt, d'une manière sacerdotale, comme le Grand Prêtre portant le pectoral de jugement le faisait. [105]

---

8   Pensez au temple maçonnique d'Amon-Râ situé à Bruxelles ; pensez au Palais de justice à Bruxelles (wmf.org/project/brussels-palace-justice), une construction colossale décrite dans le dernier album de François Schuiten, *Le Dernier Pharaon* (www.altaplana.be/fr/albums/le-dernier-pharaon).

9   Le « couvreur » de la franc-maçonnerie est, comme le Léviathan, un gardien de seuil. Le « couvreur » est chargé de garder la porte, armé d'une épée, pour protéger les lieux.

Quel défi pour une ville comme Bruxelles de « combler le fossé », de « se tenir sur le mur », de prendre grand soin à ne pas mépriser, ni parler en mal des autres communautés et des autres groupes linguistiques, de traiter avec respect les « étrangers » des 26 autres pays [11] et langues, hébergés dans la ville. Et, pour ces invités, de faire de même et d'honorer le pays qui les accueille. De laisser derrière soi les préjugés et « considérer l'autre comme supérieur à soi-même ».

Se tenant sur le mur ou la brèche, pour construire un pont d'une manière sainte.

Une fois, tandis que je priais à Genève avec des Juifs messianiques pour le 500ème anniversaire de la Réforme protestante à un endroit proche du Mur des Réformateurs, j'ai perçu une connexion spirituelle entre ces trois murs : celui de Jérusalem, celui de Genève et celui (l'ancien « limes » romain) de Bruxelles. C'est comme si la prière faite aux pieds d'un des murs produisait des effets immédiats à l'endroit des deux autres.

Et si le mur des lamentations à Jérusalem était le modèle – où les prières sont exprimées de « manière orientale » (souvenez-vous que Jésus était un Juif et non un Grec), avec des émotions profondes, des larmes, des gémissements, et même les douleurs de celle qui enfante – pourquoi à Bruxelles, sur cet

---

10 Le but du pectoral sacerdotal était de porter les pierres précieuses sur lesquelles les noms des douze tribus étaient gravés, pour qu'ils puissent être amenés devant Dieu « comme un souvenir permanent devant l'Eternel ». Voir Exode 28 :17-20. Les pierres étaient différentes les unes des autres . Différentes pierres et différentes couleurs, mais toutes placées ensemble dans l'unité, sur un même pectoral.

11 Ce nombre, bien sûr, n'inclut pas les pays ne faisant pas partie de l'Union Européenne.

autre « mur »/barrière linguistique qui divise, où tant est à faire pour établir des ponts et se repentir, devrions-nous continuer d'adhérer à une « manière stoïque » de prier et faire des requêtes comme si le cœur n'était pas impliqué dans le processus ?

Et si, à Bruxelles, le fait de prier au mur, de se lamenter au mur, avec un cœur de compassion et un travail profond d'enfantement dans l'esprit, pouvait faire la différence pas seulement pour la Belgique, mais en quelque sorte pour Israël et le Moyen Orient ?

Et si, se battre dans l'esprit à cet endroit, sur cette ligne de faille, pouvait guérir les brèches de déshonneur et re-membrer les nations ? [12]

Sélah.
Pause.

Réfléchissez-y à deux fois, considérez ce point dans la prière...

---

12   Bruxelles est la seconde ville la plus internationale (après Dubaï) : 184 nationalités ! Chuck Pierce, présent à Bruxelles en avril 2016, a prophétisé que Bruxelles serait une ville où les nations se rejoindront pour construire un autel d'adoration. Nous savons que l'intercession (prophétique) et l'adoration sont étroitement liées.

17. Prophétiser la vie sur les ossements desséchés : *Belgique, reviens à la vie !*

Jésus, frémissant de nouveau en lui-même, se rendit au tombeau. C'était une grotte, et une pierre était placée devant. Jésus dit : Ôtez la pierre. Marthe, la sœur du mort, lui dit : Seigneur, il sent déjà, car c'est le quatrième jour. Jésus lui dit : Ne t'ai-je pas dit que si tu crois, tu verras la gloire de Dieu ?... Jésus leva les yeux en haut et... il cria d'une voix forte : Lazare, sors ! Et le mort sorti...

Jean 11:38-44 COL

L'hymne national belge, dans sa version actuelle datant de 1860, s'appelle *La Brabançonne* et son premier couplet a quelques connotations « prophétiques » :

Après des siècles d'esclavage,
Le Belge sortant du tombeau,
A reconquis par son courage,
Son nom, ses droits et son drapeau.
Et ta main souveraine et fière,
Désormais peuple indompté,
Grava sur ta vieille bannière :
Le Roi, la Loi, la Liberté !

« *Après des siècles d'esclavage, le Belge, sortant du tombeau* »... Cet hymne parle littéralement de résurrection. Une expérience comme celle de Lazare. Une remontée.

C'est aussi une sortie d'esclavage, comme Israël quand il a quitté l'Egypte après 400 ans d'exil. Le couplet parle aussi d'un peuple indompté, suivant un Roi, au nom de la justice et de la liberté. Waouh !

Il se réfère à un ancien drapeau et à des valeurs honorables de courage, de reconquête de son identité – *son nom !* – et de son drapeau.

Pouvez-vous sentir le Souffle sur ces paroles ?

Pouvez-vous sentir le tremblement dans la vallée, le cliquetis des os ?

Pouvez-vous entendre la venue du Vent des quatre points cardinaux, prêts à réaligner les os, à les reconnecter os à os selon l'ordre divin ?

Appelez les intercesseurs prophétiques, qu'ils aident, pleurent et gémissent dans la Vallée d'Achor (ou du Trouble), qu'ils arrosent la plaine là où le sol et les os sont encore secs. Qu'ils ressentent la blessure, le choc, le traumatisme, l'offense, afin de les libérer. Que le cœur de compassion soit dans les douleurs d'enfantement en faveur du pays. [1] Qu'ils se tiennent dans le fossé, sur la brèche, sur la ligne de faille. Qu'ils prient à cet endroit crucial où les intercesseurs peuvent frapper l'ennemi en plein cœur.

---

[1] La plupart du temps, la prière d'intercession est une prière d'enfantement – elle fait naître quelque chose que vous avez porté dans votre cœur, que Dieu veut délivrer. Mais cela peut aussi être une prière de délivrance. Pour en savoir, plus, voir le livre de Jennifer LeClaire, *The Spiritual Warriors' Guide to Defeating Water Spirits*, Destiny Image Publishers, 2018.

Voir aussi le très bon livre, traduit en français, de Natasha Grbich : *Intercession : Les Douleurs de l'enfantement spirituel dans la prière d'intercession*, LBC, 2021.

Appelez les adorateurs prophétiques, qu'ils chantent dans la vallée des ossements desséchés, jusqu'à ce qu'elle se transforme en vallée d'espérance.

Qu'ils libèrent le son, les nouveaux sons et les nouveaux rythmes, cette « œuvre étrange et complètement inusitée » dont parle Esaïe [2].

A quoi ressemblerait le mélange des rythmes espagnols, des mots français et des danses flamandes ? Il est sûr que le pays réagirait à tout cela. Mais qu'en serait-il s'ils pouvaient émerger selon un ordre ou un arrangement divin ? Pouvez-vous imaginer le son ? Pouvez-vous sentir les murs de Jéricho trembler ? Pouvez-vous voir la Chambre haute être ébranlée ? Fils d'homme, que vois-tu ? Un pays taché de sang, avec des os très secs ?

Ou une plaine en train de trembler sous le vent.

Pouvez-vous voir des mots danser devant vos yeux, qui désirent être exprimés, prophétisés, libérés ? Parlez aux ossements desséchés, appelez le Souffle sur eux.

Dites à Lazare-Belgique : *Reviens à la vie ! Sors !*

---

[2] Voir Esaïe 28:21.

18. Transformer les blessures en baume

Quand je fermerai le ciel et qu'il n'y aura pas de pluie, quand j'ordonnerai aux sauterelles de dévorer le pays, quand j'enverrai la peste contre mon peuple, si mon peuple sur qui est invoqué mon nom s'humilie, prie et recherche ma face, s'il revient de ses mauvaises voies, moi, je l'écouterai des cieux, je lui pardonnerai son péché et je guérirai son pays.

2 Chroniques 7:13-14 COL

Quand vous étendez vos mains, Je détourne de vous mes yeux ; Quand bien même vous multipliez les prières, Je n'écoute pas : Vos mains sont pleines de sang.

Esaïe 1:5 COL

Je veux donc que les hommes prient en tout lieu, en élevant des mains pures, sans colère ni contestation.

1 Timothée 2:8 COL

La Belgique est connue à l'étranger pour beaucoup de choses : ses chocolats, ses gaufres, ses moules-frites, ses bières, ses bandes dessinées et son surréalisme...

Mais savez-vous aussi qu'elle est fameuse pour son pain ? La boulangerie *Le Pain quotidien* a ouvert ses portes à Bruxelles en 1990, et s'est ensuite rapidement étendue en quelques années à toute la Belgique (30 boulangeries aujourd'hui) puis à 250 endroits différents dans le monde ! Lisez ici, comment cette charmante boulangerie se présente [1] :

> *« S'asseoir ensemble et profiter de l'instant présent ». Le Pain Quotidien porte bien son nom. Et pour nous, cela veut tout dire. Au-delà des simples mots, c'est un mode de vie. A l'image de nos pains qui sortent du four, chauds et parfumés, les amis se réunissent autour de notre table commune pour partager un moment chaleureux et comme on dit familièrement – pour casser la croûte ensemble...*
>
> *Au Pain Quotidien, nous croyons au fait que la convivialité nous nourrit, nous inspire et embellit notre intérieur. Notre première table commune de la Rue Antoine Dansaert à Bruxelles a été construite à partir de bois récupéré du plancher d'anciens trains belges. Ces simples planches sont devenues pour nous une marque de fabrique. Aujourd'hui, ce même bois continue d'apporter un confort rustique à nos restaurants, et les tables communes sont, elles, devenues un élément majeur de notre décoration.* [2]

En voilà, un storytelling captivant ! Donnez-nous notre pain quotidien. *S'asseoir et se réunir autour d'une table* [3].

---

1   Voir www.lepainquotidien.com/be/fr/our-stories/our-story/.

2   Le propriétaire explique sur son site internet que quand il décida d'ouvrir sa boulangerie, il devait décider d'un nom. Il se souvint de son père s'exclamant « ce n'est pas mon pain quotidien ». Il comprit alors qu'il n'avait pas à chercher plus loin les mots qu'il accrocherait au-dessus de la porte de sa boulangerie. Le site internet continue avec ces mots, plutôt remarquables : Bienvenue au « Pain Quotidien », un lieu où le passé rencontre le présent et où le futur se vit aujourd'hui.

3   Une semaine après l'ouverture, un article est paru dans le journal *Le Soir* avec comme titre : « Donnez-nous notre pain quotidien ». À la suite de cet article, la clientèle a augmenté et d'autres restaurants ont acheté du pain à la boulangerie. Extrait du livre de Jean-Pierre Gabriel, *La table d'Alain Coumont : histoires et recettes*, Françoise Blouard, 2009.

Bien que le propriétaire des boulangeries *Le Pain quotidien* ne soit pas connu pour être un chrétien professant, cette histoire d'une boulangerie belge fournissant son pain quotidien à la nation et aux nations me paraît particulièrement prophétique. Si j'ouvre mes oreilles spirituelles, je commence à entendre une autre histoire, qui pourrait correspondre largement à l'identité et à l'appel de la Belgique :

> *Viens à la table ! Etablis des relations, cultive-les, apporte ce que tu as et cela te sera multiplié. Tes miches de pains. Tes petits poissons.*
>
> *Viens comme tu es, ne fais pas semblant. C'est un temps en famille. C'est une relation d'alliance. Tu peux être toi-même. Tu dois d'ailleurs être toi-même, tant la proximité et le partage feront bientôt en sorte que tout manteau de mensonge sera exposé et devra tomber.*
>
> *Viens à table, mange, bois et partage.*
> *Bientôt le pain et le vin seront servis et multipliés.*
>
> *Bientôt tu deviendras toi-même le pain, tu seras brisé et partagé au bénéfice des autres, d'abord à Jérusalem/Bruxelles, puis en Judée-Samarie/Flandre-Wallonie-Belgique germanophone et au-delà, jusque dans les nations.*

En passant, les nations ne sont-elles pas ici, au milieu de nous, dans les rues de notre capitale ? Ne sont-elles pas réunies pour une Pentecôte préparée depuis longtemps ? Le jour n'est pas encore complètement arrivé, mais il est déjà bien en chemin.

Un sacerdoce se prépare. Un changement de turban et de vêtements sacerdotaux a lieu, caché aux yeux des hommes. Il a lieu dans l'isolement, dans le confinement, derrière les portes closes.

Quarante jours de préparation, d'attente, de persistance, de repentance, de partage avec le frère sur la gauche et la sœur sur la droite, remettant les relations en ordre, là où c'est nécessaire.

C'est cela le modèle biblique, le cœur de Dieu, la condition pour une pleine libération. Participerez-vous ? Suivrez-vous le schéma ? Construirez-vous selon le modèle donné ?

Ceux qui sont appelés à cette table – qui est aussi une Chambre haute – ce n'est pas vous qui les choisissez.

Vous n'avez pas votre mot à dire quant à cette (s)élection.

Seul Dieu choisit et Ses critères ne sont pas les nôtres.

Ne regardez pas à vos préférences personnelles, ne méprisez pas ce que vos yeux n'ont pas encore reconnu. Après tout, au début, Samuel a mal évalué qui *« l'oint du Seigneur »* était supposé être. [4]

Il y a de grandes chances qu'en cette saison, le choix du Seigneur vous surprenne.

Il est censé secouer et confronter vos zones de confort, vos préjugés religieux, votre *entre-soi* élitiste, afin de vous libérer, vous et beaucoup d'autres. Il est censé vous secouer hors de vos sandales et vous remettre en marche, sur le Chemin, en mouvement, portant du fruit, émondé de toutes ces vielles branches qui asséchaient votre sève et vous rendaient stérile.

Cette table – à quoi elle ressemble, où elle se rassemble, qui en prend l'initiative – vous ne choisissez aucun de ces éléments. Quelle forme, combien de sièges – ce n'est pas

---

4   Voir 1 Samuel 16:6 où quand, il a vu Éliab, Samuel s'est dit :
Certainement, le messie de l'Éternel est ici devant moi.

à vous de décider. La table n'est même pas sur cette terre. Cours célestes. Sainte convocation.

Ceux qui viennent sont appelés et ont entendu.

La forme de la table peut changer pour accueillir les invités – en petit nombre ou nombreux. Cependant cette table est et restera : une roue dans la roue. Elle est faite pour vous mettre en mouvement.

A l'endroit de la brèche, du fossé, de la ligne de fracture, le baume de guérison vient.

Là, la blessure est transformée en une substance qui guérit. Pensez à Géry de Cambrai : pensez à toutes les plaies profondes de la Belgique, aux tranchées. Un baume de qualité est en chemin : de l'huile est préparée pour toutes sortes de blessures.

Pensez à la miche de pain bénie brisée, coupée par le milieu, fractionnée en petits morceaux. Là où se situait la fissure, la lumière pénètre. La miche de pain de la Belgique est sur le point d'être bénie, brisée et donnée aux nations. Ce territoire n'est-il pas né comme une zone tampon, préparé de toute éternité pour administrer et être administré pour le bénéfice des autres ?

Le sacrifice est préparé, bientôt il sera sur l'autel.

Si la miche est sur le point d'être brisée en deux par le milieu, faut-il s'attendre à ce que cela se fasse selon le tracé de l'ancien « Limes » qui autrefois établissait la frontière entre les mondes romains et germaniques ? La Flandre sera-t-elle donnée en nourriture au Nord et la Wallonie au Sud ? Bruxelles sera-t-elle brisée comme du pain pour toutes les nations qu'elle accueille

(d'où le goût particulier de cette ville-capitale, que le reste du pays ne reconnaît pas toujours comme étant « sienne » ?)

Si c'est le cas, le brisement ne signifierait pas désunion, mais partage.

L'unité de cœur et de dessein seraient toujours là et garderaient ce « Royaume des Belges » fort.

La greffe de peau nécessaire est un « tabernaclement » [5] avec le Roi des rois, qui a donné Son corps comme un sacrifice vivant, au bénéfice de tous les peuples, tribus et langues.

Ainsi, peut-être, les Flamands, les Wallons et les gens de Bruxelles seraient autorisés à être différents et compris dans leurs différences : ils n'ont pas la même saveur parce qu'ils n'ont pas à nourrir les mêmes personnes...

Cependant, dans l'unité d'appel et de cœur – de nourrir les nations – ils peuvent réussir à rester Un.

Non seulement, cette unité nous *« rendra fort »* comme le dit la devise nationale de la Belgique, mais elle est indispensable en cas de peste, de sauterelles et de toutes autres sortes d'adversités, pour guérir le pays.

Ce qui nous ramène à 2 Chroniques 7:14 - *Quand je fermerai le ciel et qu'il n'y aura pas de pluie, quand j'ordonnerai aux sauterelles de dévorer le pays, quand j'enverrai la peste contre mon peuple, si mon peuple sur qui est invoqué mon nom s'humilie, prie et recherche ma face, s'il revient de ses mauvaises voies, moi, je l'écouterai des cieux, je lui pardonnerai son péché et je guérirai son pays.*

---

5   Un tabernacle était à l'origine une tente de peau.

Pas de regard fier, pas de déshonneur, aucun coup d'œil à l'autre empreint d'un sentiment de supériorité, aucun non-pardon, aucune privation des droits d'autrui, aucun accroissement de sa force au dépend de l'autre. [6]

Alors dit le Seigneur :

Je l'écouterai des cieux, je lui pardonnerai son péché et je guérirai son pays.

---

[6] Préférer le Belgisch belang au seul Vlaams Belang, nom qui fonctionne un peu comme le symptome d'une blessure d'identité mal guérie. C'est souvent lorsqu'on se sent démuni qu'on a besoin d'insister sur ses propres intérêts. Et le nationalisme flamand naît aussi de blessures et sentiments d'injustice, et persiste tant que la blessure n'a pas été traitée en profondeur.

19. Libérer les décrets gouvernementaux

Que les louanges de Dieu soient dans leur bouche,
Et l'épée à deux tranchants dans leur main,
Pour exercer la vengeance sur les nations,
Des châtiments parmi les peuples,
Pour lier leurs rois avec des chaînes
Et leurs dignitaires avec des entraves,
Pour exécuter contre eux le jugement qui est écrit !
C'est un honneur éclatant pour tous ses fidèles.
Louez l'Éternel !

Psaumes 149:6-9 COL

Par moi les rois règnent, et les princes ordonnent ce qui est juste.

Proverbes 8:15 COL

Au travers des différents chapitres de ce livre, nous avons vu comment au cours de l'histoire, des nations et des rois, des dirigeants politiques et spirituels, se sont réunis sur cette petite portion de territoire connue aujourd'hui sous le nom de Belgique.

Nous les avons vus se rassembler pour les meilleures raisons et pour les pires, pour les meilleurs résultats et pour les plus funestes– répandant du sang innocent, bien que mettant l'ennemi en déroute ; sacrifiant sa vie, bien qu'alimentant le feu de la Réforme ; tournant, avec l'aide d'autres, la bataille à la porte durant deux guerres mondiales.

Nous avons vu Bruxelles émerger comme le siège gouvernemental de l'autorité (aussi bien durant le temps des Bourguignons que sous l'empire de Charles Quint) et devenir plus tard la capitale de l'Union Européenne, où des décrets administratifs sont rendus et où sont promulguées des lois sur différents aspects sociétaux, politiques et économiques de la vie.

Nous avons commencé à voir se dessiner le mandat de cette ville et de ce pays, l'appel lévitique/sacerdotal d'intercéder pour les nations, de se tenir sur la brèche et de contribuer à unir, là où l'ennemi-Léviathan aimerait pour sa part démembrer et dis-joindre.

Là où du sang a été répandu et où des décrets humains ont été promulgués (comme ceux de Philippe II d'Espagne menant à la persécution des protestants), l'effusion de larmes, l'élévation de mains saintes et la promulgation de décrets spirituels peuvent à présent amener le rachat.

Belgique, reviens à la vie ! Sors ! N'as-tu pas été appelée pour un temps comme celui-ci ?

Belgique, intercède pour les nations européennes qui se réunissent sur ton territoire et tentent de légiférer !

Libère les saints décrets gouvernementaux !

Sois sacrificateur, prophète et roi ; prie, déclare et décrète !

N'es-tu pas née, n'as-tu pas été élevée et bientôt guérie, pour un temps comme celui-ci ?

Quand le décret d'Haman est prêt et ses potences dressées pour exécuter le peuple de Dieu, c'est le temps pour les villes gouvernementales, de se lever en tant que « villes d'Esther » et de saisir les armes spirituelles du jeûne, de la prière et du décret, pour révoquer et annuler les actes et proclamations injustes. Les Lévites doivent se réunir, se joindre les uns aux autres, et re-membrer.

Les livres seront rouverts tandis que les rois et les administrateurs seront tenus en éveil par l'Esprit, afin que la nuit leur porte conseil et les aide à se remémorer ce qui doit l'être.

Un appel, un mandat, une destinée.
Un temps et une saison. Un temps Kairos.
Un endroit et une position stratégique, au cœur.

Rappelez-leur les paroles prononcées : *Frappez au cœur !*

- Les images vues : Saint-Michel terrassant le dragon.
- Les légendes entendues : Saint Géry construisant une église en l'honneur de Saint-Michel et terrassant lui aussi un dragon.
- Les livres écrits : King Albert's book, *A Tribute to The Belgian King and People* (Le livre du Roi Albert, Un hommage au Roi des Belges et au peuple belge), le courage et la valeur de la « brave petite » Belgique.
- Les livres écrits dans les cieux, les schémas directeurs devant encore être révélés bien que déjà préfigurés.

Une histoire d'assemblage, de pain partagé (plutôt que de sang versé), de tables préparées, de rassemblements de dirigeants planifiés, d'établissement de plans, de re-lecture de cartes géographiques, de rappel des chapitres de déshonneur, en vue de la repentance, de la demande de pardon réciproque, de la lamentation au mur, ensemble, de la réparation là où c'est possible.

Ensuite, fort, comme un seul homme, se levant, revenant à la vie, sortant, faisant des préparatifs au bénéfice des autres, rédigeant, légiférant, prononçant des décrets saints, intercédant les mains levées vers le ciel.

Se pourrait-il que ce soit cela l'appel/la destinée de la Belgique ? Avec la zone tampon et « le sacrifice de sang » comme contrefaçon ? Se pourrait-il que telle soit la nature d'une tribu lévitique centrale – contrairement à un empire-Léviathan centralisé?

Pensez à ce qui peut arriver quand l'honneur de la prêtrise est restauré, quand des mains pures peuvent se lever à nouveau dans l'intercession. Rappelez-vous à nouveau 2 Chroniques 7:13-16. Rappelez-vous que ces paroles ont été données après la dédicace du Temple – le temple de Salomon :

> *Quand je fermerai le ciel et qu'il n'y aura pas de pluie, quand j'ordonnerai aux sauterelles de dévorer le pays, quand j'enverrai la peste contre mon peuple, si mon peuple sur qui est invoqué mon nom s'humilie, prie et recherche ma face, s'il revient de ses mauvaises voies, moi, je l'écouterai des cieux, je lui pardonnerai son péché et je guérirai son pays. Désormais mes yeux seront ouverts, et mes oreilles seront attentives à la prière faite en ce lieu. Je choisis désormais et je consacre cette maison pour que mon nom y soit à jamais, et j'y aurai toujours mes yeux et mon cœur.*

Jésus est la pierre angulaire appropriée et juste pour le sacerdoce et la tribu lévitique. Il est aussi la pierre angulaire rejetée. Et des contrefaçons ont pris Sa place : d'autres pierres angulaires présentes dans les institutions, les temples et les métiers du pays.

Il existe une expression à propos de l'architecture belge : on y parle d'un « skieven architek » [1], soit une manière de construire qui n'est pas droite, mais « de travers ». Ce fait de construire de travers ou « schief » ne pointe-t-il pas vers une pierre angulaire mal posée ?

Si c'est le cas, ramenons la véritable pierre angulaire à l'édifice de la Belgique, aux cris de *Grace ! Grace !*

Et souvenons-nous que, puisque ce petit pays n'a pas de « roi de Belgique », son territoire garde de la place pour un Roi des rois !

Sélah.
Pause.
Considérez cela calmement.
Et réjouissez-vous.

---

1   "Schieven Architek" est le nom donné à Joseph Poelart, l'architecte du plus grand Palais de Justice du monde (qualifié aussi de mammouth ou pharaonique). Dans le dialecte de Bruxelles, *schieven* signifie « de travers ». Voir, par exemple, www.lecho.be/dossier/130ans/le-palais-polemique-du-skieven-architek/9062518.html

Appendice 1

Le traumatisme de naissance

Jean-Antoine

La façon dont la Belgique est née a pu être quelque peu traumatique. Ce livre l'évoque largement d'ailleurs. En résumé, la création du pays émane de la volonté de grandes puissances voisines de créer un zone tampon entre leurs empires, afin de protéger leurs intérêts. La volonté propre des peuples autochtones n'ayant eu que fort peu d'importance. On peut donc raisonnablement parler d'une naissance traumatogène, ayant provoqué l'alliance de peuples aux arrière-plans et à la culture parfois assez différents.

« Il en va des nations comme des êtres humains » disait une pasteure lors d'une formation à l'intercession. Elle voulait signifier que les processus réactionnels et les conséquences spirituelles que l'on peut retrouver chez un être humain, après un évènement traumatique, peuvent se retrouver de façon similaire au niveau des nations face aux traumatismes de leur histoire.

Ce qui se passe à la naissance d'une personne peut avoir de réelles conséquences toute sa vie durant. Cela peut influencer son rapport même à la vie et la façon dont elle va se développer.

Il en va de même pour la naissance d'un pays. Si elle est vécue de façon traumatisante par les peuples qui le constituent, les habitants risquent fortement de développer des symptômes post traumatiques, qui se manifesteront tant psychiquement que spirituellement. Des schémas de vie délétères et pernicieux pourront durablement s'inscrire dans le mode de fonctionnement des citoyens ayant vécu cette naissance, mais aussi chez leurs descendants. Les institutions même du pays pourront également en être fortement imprégnées.

Du point de vue spirituel, des esprits pourront profiter de ce traumatisme de naissance, plus spécifiquement de ses conséquences : la souffrance et le péché qui en découleront, pour faire durablement alliance avec la nation, de façon insidieuse. Et, tant que ces alliances, même cachées, ne seront pas dénoncées et brisées, elles influeront sur la vie du pays et de ses habitants.

Prenons, dans la Bible, un passage d'Ezéchiel qui évoque une naissance traumatisante.

> *A ta naissance, au jour où tu naquis, ton nombril n'a pas été coupé, tu n'as pas été lavée dans l'eau pour être purifiée, tu n'as pas été frottée avec du sel, tu n'as pas été enveloppée dans des langes. Nul n'a porté sur toi un regard de pitié pour te faire une seule de ces choses, par compassion pour toi ; mais tu as été jetée dans les champs, le jour de ta naissance, parce qu'on avait horreur de toi. Je passai près de toi, je t'aperçus baignée dans ton sang, et je te dis : Vis dans ton sang ! je te dis : Vis dans ton sang !*
>
> Ezéchiel 16:4-6 NBS

Dans le contexte, il s'agit là du récit symbolique de la naissance de Jérusalem. Mais ce récit n'est pas sans point commun avec celui de la naissance de la Belgique.

On peut relever le manque de soins apporté à cet enfant. Du point de vue physique, il n'a pas été lavé, le cordon ombilical n'a pas été coupé, ni soigné. Il n'a pas été frotté de sel, censé le fortifier et lui donner de la vigueur. Il n'a pas été langé, ni habillé. Il reste donc en l'état : né certes, mais livré à lui-même sans aide, ni soins vitaux.

Du point de vue émotionnel, cet enfant n'a reçu ni amour, ni même de compassion quant à son état. Pire, il a provoqué un sentiment d'horreur chez ceux qui l'ont mis au monde et il a vécu un rejet complet : abandonné seul au milieu d'un champ, exposé à une mort certaine.

Si le processus de l'accouchement s'est, peut-être, relativement bien passé, les évènements périnataux ont été, pour le moins, traumatisants pour cet enfant. Et les conséquences de tout ceci vont être catastrophiques.

Le fait qu'il s'agisse du récit symbolique de la naissance de Jérusalem, une ville et un peuple donc, est primordial dans notre compréhension des choses. Cela nous permet de prendre conscience qu'« il en va des nations comme des êtres humains ». La ville de Jérusalem et son peuple ont été personnifiés et leur histoire ramenée à celle d'une jeune enfant et de sa naissance difficile.

On voit, si l'on regarde le reste du chapitre 16 d'Ezéchiel, que cette « jeune-fille-peuple » va développer des attitudes et des comportements mortifères. Elle va développer des comportements qui seront abominables aux yeux du Seigneur. Malgré les soins qu'Il lui prodiguera afin qu'elle puisse quand même grandir et se développer, elle va mettre sa confiance en elle-même, en sa propre beauté. Elle va commencer à être adultère et à se prostituer à des amants parmi les peuples et parmi les dieux étrangers.

Elle sera faible de cœur (v.30), non affermie dans ses émotions et ses sentiments, avec une piètre image d'elle-même ; et ce, au point de payer elle-même ses amants pour qu'ils la consomment comme prostituée. Ces derniers développeront, par conséquent, du mépris et de la haine envers elle. Ils iront jusqu'à l'humilier et tenter de la détruire.

Cette « jeune-fille-peuple » brisera l'alliance sainte qu'elle avait conclue avec son Créateur, se privant de l'intimité de la relation avec celui qui l'a pourtant gardée et nourrie. Dans son orgueil et sa rébellion, en brisant cette alliance avec le Seigneur et en concluant des alliances avec d'autres, elle va s'enfoncer dans des attitudes autodestructrices et mortifères, qui vont la détruire à petit feu et profondément blesser celui qui l'avait pourtant sauvée.

Il en va de même pour les nations qui vivent des naissances traumatiques ou des conditions périnatales traumatisantes. Il y a beaucoup de chances que se développent, chez elles, des conséquences comportementales et émotionnelles semblables, du moins dans le symbole qu'elles évoquent. Il est très probable qu'elles s'enfoncent dans des alliances douteuses et se détournent de la vraie source de vie qu'est le Seigneur, le Dieu d'Abraham, d'Isaac et de Jacob.

Les conséquences de naissances traumatiques

Les naissances traumatiques ou les évènements périnataux traumatisants peuvent conduire à différentes conséquences que nous citerons, sans pouvoir entrer dans tous les détails que mériterait pourtant cette problématique [1].

Cependant, pour résumer, de telles naissances peuvent provoquer une inversion des réflexes de vie vers des réflexes de mort, ainsi que ce que nous pourrions appeler une blessure de néant.

Concernant l'inversion des réflexes de vie en réflexes de mort, nous pouvons dire que lorsqu'un enfant naît, il est logique qu'il aille vers la vie. Tout le processus de la naissance, dont le passage par la voie basse grâce aux contractions de la mère, est fait pour donner à l'enfant l'impulsion d'aller vers la vie avec vigueur. Il acquiert une force de combat et des réflexes qui le poussent vers la vie.

Mais si, malheureusement, ce passage se passe mal ou est contrarié, les réflexes de vie risquent de se transformer en réflexes de mort. Par exemple, si le bébé a le cordon ombilical enroulé autour du cou, lors du passage, il va s'étrangler et se sentir mourir au moment où il est censé se sentir entrer pleinement dans la vie. Il va alors associer la vie avec la mort et ses schémas, comme ses réflexes, vont donc se développer dans un sens *mortifère*, au sens strict du mot : *vers la mort*. Pour lui, aller vers la vie sera l'égal d'aller vers la mort. Il risque alors de confondre les pulsions de vie avec les pulsions de mort. Si ces conséquences ne sont pas traitées a minima dans la prière, il y a des risques que l'enfant, puis l'adulte, ne soit pas en mesure de discerner la différence entre la vie et la mort, ni entre l'alliance de vie et les alliances de mort. C'est alors que peut s'installer un ou plusieurs esprits de mort, ainsi qu'une mentalité mortifère.

---

1 Pour aller plus loin à ce sujet: *« De la conception à la naissance. Déjà un exploit ! »* de Béatriz Gaillet aux Editions Emeth.

Il y a de réelles similitudes avec ce que rapporte Ezéchiel (chapitre 16) concernant le comportement de Jérusalem, les alliances mortifères qu'elle a contractées, ainsi que son reniement de l'alliance de vie avec le Créateur.

La blessure de néant

Mon amie Beatriz Gaillet enseigne le concept de blessure de néant. Il s'agit d'un type de blessure qui peut apparaitre lors d'un traumatisme, dont celui d'une naissance traumatisante ou d'un abandon périnatal.

Dans le contexte périnatal, cette blessure de néant advient souvent lorsqu'un ressenti de « descente dans la mort » survient, alors que, dans ces moments, on devrait aller vers la vie.

Cette sensation de mort et d'anéantissement, d'où vient le nom « blessure de néant », provient d'un ressenti de risque de mort imminente, que ce soit par risque direct de mourir ou par manque de soin. En effet, un nourrisson, s'il ne reçoit pas les soins que nécessite son état de dépendance, ni l'affection dont il a besoin pour vivre, va se sentir en réel danger de mort. Il risque alors de développer cette blessure de néant et de s'ouvrir à l'influence de la mort là où, justement, la vie aurait dû prévaloir.

La blessure de néant risque de provoquer des détachements et des inversions. Elles sont le résultat de systèmes de protection que va utiliser le bébé lorsqu'il va vivre ces angoisses de mort et d'anéantissement. Ces angoisses vont atteindre leur paroxysme et amener l'enfant à un « point de rupture », où il va se détacher de son ressenti insupportable, par réflexe de survie. Il va alors développer un mode d'existence de type survie et non de vie. Dans cette dynamique, il sera coupé de son ressenti propre et va fonctionner dans le détachement par rapport aux relations humaines et émotionnelles. La même inversion vie-mort, dont nous avons déjà parlé, risque également de se produire. Et, là où des réflexes de vie auraient dû se développer, ce sont des réflexes de mort qui vont s'installer ; là où des pulsions de vie auraient dû prévaloir, ce sont des pulsions de mort qui vont prendre la place et mener à un style de « survie mortifère ».

Le genre de traumatismes dont nous parlons peut amener la personne ou la nation qui les subit à ouvrir des portes à l'ennemi, de façon souvent inconsciente et involontaire d'ailleurs.

Comme notre ennemi est un lion qui rôde cherchant qui dévorer (1 P 5:8), il va repérer ces failles, ces craquelures et ces ouvertures provoquées par les traumatismes et leurs conséquences. Il va alors tenter de s'y engouffrer, afin d'y prendre des droits. Des esprits mauvais pourront donc essayer de s'accrocher et de s'enraciner par ces ouvertures, et prendre des droits qui n'étaient pas les leurs. Pour ce faire, ces esprits vont venir rôder et toucher la personne ou la nation au travers de ses vulnérabilités. Ils peuvent alors devenir des esprits familiers et contracter des alliances mortifères avec leur victime, entre autres grâce au développement de cette inversion des pulsions de vie et de mort que nous avons déjà évoquée et qui va leur ouvrir la voie. Ces alliances vont alors leur donner des droits et cultiver toujours davantage cet esprit de mort, de destruction et de mésalliance avec le Créateur.

Les esprits en cause peuvent être divers : esprit d'angoisse, de rejet, d'abandon, de terreur, de chaos, de confusion, de mort, de néant, de mal-être, de méfiance, d'incrédulité, de désespoir, de découragement, de détachement, de souffrance, de solitude, de désolation, de futilité, de déshumanisation, de traumatisme…

En plus de ces esprits particuliers, de réelles forteresses et dominations spirituelles peuvent également profiter de ces traumatismes et de leurs conséquences pour s'installer et prendre des droits, tant sur une personne que sur une nation (Ep 6:12 & 2 Co 10:4).

Lors d'un temps de ministère de restauration, s'agissant d'une personne, ou d'intercession, s'agissant d'une nation, il faudra demander au Saint Esprit de venir donner le discernement concernant les esprits, les puissances, les dominations et les forteresses impliqués dans ces alliances mortifères. Une fois ce discernement réalisé, il faudra travailler au travers de la repentance, du renoncement et du brisement des alliances démoniaques, ainsi que de leurs conséquences, et au travers de la libération des liens d'avec ces esprits au Nom de Jésus. Il faudra également prier pour que le Seigneur, par sa Parole et par son Esprit, vienne prendre la place qu'occupaient toutes ces choses chassées et brisées.

Vis dans ton sang

La bonne nouvelle d'Ezéchiel 16, c'est que le Seigneur est rempli d'amour et de compassion. Lorsqu'Il passe auprès d'une personne ou d'une nation qui vit ce traumatisme de naissance, Il lui dit : *« Vis dans ton sang ! »* (Ezéchiel 16:6 COL)

Le Seigneur a pour chacun et pour chaque nation *« des desseins de paix et non de malheur, afin de donner un avenir fait d'espérance »*

(Jérémie 29:11 COL) Jésus est venu pour que nous puissions avoir « la vie en abondance » et même en surabondance (Jean 10:10).

Notre Dieu est El Shaddaï. Ce qui, en hébreu, signifie *qu'Il est celui qui peut donner la vie à ce qui n'avait plus de vie*. Cela signifie aussi qu'Il est *nourricier* et qu'Il pourra *nourrir* la personne ou la nation jusqu'à ce qu'elle soit à même de *se développer et de s'épanouir.*

Son amour et sa sollicitude continueront tout au long de notre vie. Même si, après la restauration, nous ne lui restions pas encore pleinement fidèle, Lui continuera à rester fidèle et à nous appeler à quitter nos mauvaises voies, à nous repentir et à revenir à Lui. C'est l'attitude qu'Il adopte tout au long du chapitre 16 d'Ezéchiel envers Jérusalem. C'est l'attitude qu'Il adopte également envers nous et envers nos nations.

Notre Seigneur Jésus réclame les nations comme son héritage (Psaumes 2:7-9), même celles qui ont vécu un traumatisme de naissance et se sont engagées dans des alliances mortifères et démoniaques.

Allons-nous travailler avec Lui à leur rachat, à leur délivrance, à leur guérison et à leur restauration ?

El Shaddaï dit : *« Vis dans ton sang ! »*

Appendice 2

Poème
John Roedel

(Proposé comme une berceuse pour la Belgique et reproduit avec la permission de John)

The journey from
being wounded
to being healed
will take exactly
as long as it needs to
I know you want
to rush to get
your scar as
soon as you can
but my love,
recovery isn't mean to be a race
it's often a slow walk
down a five-mile
curvy country road
take your time
coming back
to yourself
let your repairs
happen carefully

mend your heart
like it is a cathedral
that is being
gently restored
one carefully laid
brick
mosaic tile
and shard of stained glass
at a time
my love,
your scars will come to you in time
and someday they will teach you
but in the meantime,
nurse your wound like a
newborn
slowly
thoughtfully
and with the softest of thoughts
my love,
the sound of your heart
makes as it heals
is my most favourite psalm
don't rush through the verses
of your sacred recuperation
let your lyrics echo
let them linger
let them dawdle
let them in hang in the air
like fireflies
until they surround you
and help you stand on
your feet again

Belgique, reviens à la vie !

your comeback
starts now
not with a footrace
on hard pavement
but rather, your return
to yourself will begin
with a meandering walk
down a stretching dirt path
under a cotton candy sky
my love, oh my love,
don't set your watch
to your healing
don't give it
a deadline
instead
give it all the time it needs
to remind you
how incredibly
beautiful you
look
when you heal

John Roedel
Poète, écrivain, conteur
Auteur de *Hey God, Hey John*
www.johnroedel.com

(Traduction libre du poème de John Roedel)

Le parcours
qui va de la blessure
à la guérison
prendra exactement
aussi longtemps que nécessaire
Je sais que tu veux
te précipiter
pour cicatriser aussi vite
que tu peux
mais, mon amour,
la restauration n'est pas censée être une course
C'est souvent une marche lente
le long d'une route de campagne sinueuse
de plusieurs kilomètres
Prends ton temps
pour revenir
à toi-même
Laisse tes réparations
se faire soigneusement
Rénove ton cœur
comme si c'était une cathédrale
que l'on restaurerait
gentiment
en posant avec précaution
une brique
un carreau de mosaïque
et un morceau de vitrail
à la fois ;
mon amour,
tes cicatrises se feront en leur temps,

Belgique, reviens à la vie !

et un jour elles t'enseigneront,
mais en attendant,
nourris tes blessures comme
un nouveau-né
lentement
avec prévenance
et avec les pensées les plus douces
mon amour,
le son que ton cœur fait
tandis qu'elles guérissent
est mon psaume favori
Ne te précipite pas au travers des couplets
de ton rétablissement sacré
Que les paroles de ton chant fassent écho
Qu'elles s'attardent
Qu'elles musardent
Qu'elles restent suspendues dans les airs
comme des lucioles
jusqu'à ce qu'elles t'entourent
et t'aident à te tenir
à nouveau sur tes pieds
Ton retour
commence maintenant
non pas comme une course à pied
sur une chaussée rigide
mais ton retour
à toi-même commencera
plutôt comme une marche sinueuse
sur un chemin de terre qui s'étire
sous un ciel de barbe à papa
mon amour, oh mon amour,
ne règle pas ta montre

sur ta guérison
ne lui donne pas
de date limite
au contraire
donne-lui tout le temps dont elle a besoin
pour qu'elle te rappelle
combien tu es
incroyablement
belle
quand tu guéris.

Poème de John Roedel
Traduction libre par Patricia Suardi et Deborah Dekker

Post-face

Ignace Demaerel

Même si d'autres nations ont conçu la Belgique comme zone tampon, Dieu était dans le processus et Il voyait déjà l'avenir. Il l'a permis pour un but ! Et Il peut faire que toutes choses, même celle-là, concourent au bien.

Je crois fermement que nous, les Belges, pouvons accepter ce mandat de zone tampon/paix, pas comme une obligation qui nous est imposée de l'extérieur, mais comme une manière de servir les autres nations avec joie (en étant non pas un pays qui gouverne, mais qui sert avec joie), ce serait magnifique. Ne pas vouloir « être aussi grand que les autres » (jalousie), mais être humble (ce qui nous rend grand aux yeux de Dieu).

Nous pouvons effectivement nous plaindre de toutes les divisions et problèmes dans notre nation, mais nous devons aussi être conscients que beaucoup d'autres nations dans le monde vivent des choses similaires (défis de cohabitation, de cultures et langages, guerres, effusion de sang, traumatisme de naissance...)

Puisse Dieu nous faire la grâce d'en voir le côté positif et de nous réjouir dans la diversité.

Ma question principale par rapport à la repentance/ guérison du passé de la Belgique est :

(1) Qui doit le faire, qui doit demander pardon ? (Qui a l'autorité, qui se trouve dans la position juste... ?) et

(2) Quand est-ce que cela se termine ? Quand savez-vous que le processus est achevé et que le traumatisme est enfin guéri ?

Matière à (future) réflexion...

Remerciements

À mes parents et membres de la famille, pour le prix payé à « combler le fossé » entre deux langues, cultures, religions et héritages.

À Anne Griffith, prophète pour les nations, « mère en Israël », aimante fidèle de la Belgique.

À Anne Hamilton, écrivaine et éditrice, qui aide le Corps de Christ, par-delà les nations, avec des stratégies pour les seuils et autres révélations précieuses.

À Ignace Demaerel, pasteur, auteur, leader de *Pray4Belgium*, pour son engagement envers notre pays et pour avoir relu le premier brouillon de ce livre et aidé à en améliorer certaines parties.

À Jean-Antoine, auteur et ami, pour avoir intercédé et souvent pleuré avec moi pour notre pays, et pour sa précieuse contribution sur les conséquences d'une naissance traumatique.

À Moyra Sims, qui a aidé à améliorer le texte anglais original d'une écrivaine dont ce n'est pas la langue maternelle.

À Patricia Suardi, pour son travail de traduction vers le français d'excellente qualité, plume habile et coeur généreux, sans qui la version française de ce texte ne serait pas parue dans des délais si brefs. Un merci tout particulier à toi, Patricia !

À John Roedel, poète merveilleux, pour avoir écrit des paroles de vie authentiques qui réconfortent le cœur et pour m'avoir permis de reproduire son texte incroyable sur *Le parcours de la blessure à la guérison* (John, si tu lis ceci : tu es un de mes écrivains contemporains préféré, ta plume est une bénédiction pour le Corps de Christ et au-delà !)

À Paul Verheul pour sa peinture inspirée, variation sur le drapeau de la Belgique, dont un extrait est reproduit sur la couverture de ce livre.

À tous ceux qui, au travers des années, ont fidèlement labouré le sol de ce pays par leurs prières : Ignace et Miet, Luc et Agnès, Rik et Sabine, Yves et Liliane, Jean-Claude et Berry... et tant d'autres, tant en Belgique qu'à l'étranger.

À Dieu, pour m'avoir conduite et permis d'écrire à propos de la Belgique, pour Son amour inconditionnel et Sa guidance parfaite (le Dernier mentionné, mais non des moindres, très certainement).

www.facebook.com/deborah.dekker.3

www.ingramcontent.com/pod-product-compliance
Lightning Source LLC
Chambersburg PA
CBHW030038100526
44590CB00011B/248